南开校友文丛

南开风语人

祝晓风　著

南闹大学出版社

天　津

图书在版编目(CIP)数据

南开风语人 / 祝晓风著. —天津：南开大学出版
社，2019.7
（南开校友文丛）
ISBN 978-7-310-05841-9

Ⅰ. ①南… Ⅱ. ①祝… Ⅲ. ①南开大学－校友－访问
记 Ⅳ. ①K820.7

中国版本图书馆 CIP 数据核字(2019)第 157618 号

版权所有　侵权必究

南开大学出版社出版发行
出版人:刘运峰

地址:天津市南开区卫津路 94 号　　邮政编码:300071
营销部电话:(022)23508339　23500755
营销部传真:(022)23508542　邮购部电话:(022)23502200

*

天津午阳印刷股份有限公司印刷
全国各地新华书店经销

*

2019 年 7 月第 1 版　　2019 年 7 月第 1 次印刷
210×148 毫米　32 开本　8.125 印张　200 千字
定价:45.00 元

如遇图书印装质量问题,请与本社营销部联系调换,电话:(022)23507125

自　序

　　我曾经说过，这几十年中，我接触最多的，一是教师，二是医生。我的父母是教师，兄长曾当过多年教师。叔父也是教师，教历史的。生在这样一个家庭，小的时候天天被教育。待到上初中三年级的时候，家里就我一个是学生，那情形可想而知，更是只有老老实实听训的份儿。这种情形，同时也给我造成一个错觉，简直不知道除教书之外，人还可以用什么谋生。后来长大，读了点儿书，懂的多了一点儿之后，才知道，在我们这个世界，教书原来是大多数人在选择别的职业失败之后，不得已的选择。

　　尽管如此，我还是认为，有的职业天然地对从业者有较高的要求，不仅要求有一定的职业素养，还要求有一定的人文关怀，教师和医生都在此列，而且是大家最容易想到的，接触最多的。在南开，我有幸接触到许多好老师。他们大多并没有什么名气，即使是比较有名的，一旦出了校园，出了学术圈，也没人知道。但他们都很正直，很敬业，对教书这件事很认真，为了教好书，他们付出了自己的心血和智慧，大多还忍受了清贫。《史记·伯夷列传》有言："岩穴之士，趋舍有时，若此类名湮灭而不称，悲夫！"本书中记述的老师，有不少就是这个样子。

我与南开老师们的关系有点儿特殊。我父母的同事和同学中，有几位关系较熟，可以说看着我从小长大的。他们有的就是南开大学中文系出身，有的则和南开大学中文系的老师有点儿交情。毕业后，我到光明日报社工作，北京又有好几位南开的老师，与先前的父执关系也比较熟，这样，我又与他们熟起来。而且，我的工作，又一直不离学术、文化和出版，多年来得他们帮助不少。这两方面的关系互相作用，互相促进，与老师们的交往自然又加深一层。如果不是做这个工作，我相信，我不会写出这么多有关南开师友的文章。

我还在南开读本科时，就到《南开周报》做实习记者，集中采访过一组学者，以叶嘉莹先生开篇，接着又把当年文科各个系的系主任几乎都采访到了。这是比较集中的一次。工作之后，还有两次比较集中的采访，一次是一九九六年六月，我和同事红娟专程来南开，采访了六位青年学者，包括朱光磊、张国刚等。那次，我的主要任务是做向导，执笔者是红娟。一九九七年底，我和侯艺兵又一次专程来南开，采访六位老先生，包括滕维藻、朱维之、魏埙、杨敬年等。而专门、集中地写较长的文章来记述南开人，则是从去年夏天开始，陆续又写了六篇，也是巧了。

我在南开读书七年。七年，不算太长，可也不算短。况且，是人在青年时的七年啊。那是人生最美好的时光。不错，所有对大学生活的怀念，其实都是对自己过往青春的怀念。

人和人就怕有感情。感情再浅，也会影响你对他的评价；感情再深，即便是骨肉至亲，也有分别的那一天，而且，感情越深，到那一刻就越会徒然增加分别的悲痛。这真是没有办法的事情。

不过，人的一生其实非常短促，一辈子一眨眼就过去了。——从这个角度看，人和人无论感情深浅、交情厚薄，其实说到底，就是一面之缘。人生一世，有无数的一面之缘，但并不是每一个，你都想记下来。

以我可怜的笔力和精力，当然不可能写尽南开的师友。但所写的文字中，可借用张中行先生的话说，记述的都是可传之人，也有可感之事和一点儿可念之情。也希望他们的事迹和名字，能借我笨拙的文字，存留于有些人的感知里。

二〇一八年十二月三日初稿
二〇一九年五月四日改定

目　录

怀　念

人与书

对　话

学者访谈录

怀　念

有关柳无忌先生的书缘旧事

一、结缘

能与柳无忌先生结缘，完全归功于南开和倪庆饩教授。二十世纪九十年代初，我自南开本科毕业，就考上研究生，接着读书。研究生期间，教英文精读课的就是倪庆饩教授。很长一段时间，我们师生除了上课，并无更多来往。一个偶然的机会，我与倪老师有了课堂之外的交往，师生情谊保持至今。聊得多了，知道倪老师和我们系的一些老师相熟，特别是教外国文学的。一九九二年十二月初，倪老师送我一本《英国浪漫派诗选》，是江苏教育出版社一九九二年二月出版的，编者署名是柳无忌、张镜潭。此书只印了两千册。老一辈学者，也是我们南开大学中文系的朱维之教授为此书作序。书中，柳先生译了"拜伦诗选"部分，倪老师和周永启先生合译"雪莱诗选"和"济慈诗选"部分。倪老师参与这次翻译工作，是因为他与中文系的张镜潭先生相熟，而张先生则是柳先生当年的学生。在这前后，倪老师和我聊柳先生比较多了，也就说到了那本 *An Introduction to Chinese Literature*（《中国文学新论》）。

柳无忌是柳亚子先生的儿子。他生于一九〇七年，今年正好是他的一百周年诞辰。他早年就读于清华大学，后留学美国，在耶鲁大学获英国文学博士学位。一九三一年赴欧洲深造，一年后归国。历任南开大学、长沙临时大学、昆明西南联合大学、重庆中央大学教授。一九四六年应聘到美国讲学，此后定居美国，先后在罗林斯大学、耶鲁大学、哈脱威克大学、匹兹堡大学、印第安纳大学任教。他的文学活动开始于二十世纪二十年代中期，此后，毕生潜心研究中外文学，致力于诗歌和散文写作，著作等身。大量的文学创作和许多开拓性的学术研究，加上一生在许多大学任教，桃李满天下，以及特殊的家庭背景，柳无忌先生名望之高，非寻常人可比。

特别值得一提的是，柳无忌先生在二十世纪三十年代以二十六岁的年龄任南开大学英文系教授，一年后任系主任，延聘留美硕士李唐晏、赵诏熊、司徒月兰、罗皑岚到南开任教，加上著名学者和作家梁宗岱、罗文伯、张彭春、黄佐临、段茂澜等，阵容之强，可与国内任何一所一流大学匹敌。南开大学英文系的发展达到鼎盛时期。这五年，对柳先生本人和南开，都是极其宝贵的。

一九四六年到美国长期定居之后，柳无忌先生也做了两件在我看来意义非同寻常的事情：一是在印第安纳大学创办东亚系，在北美培养了一批从事中西文化交流与研究的人才；二是写作、出版了英文著作 *An Introduction to Chinese Literature*（《中国文学新论》）。柳无忌先生于五十年代初在耶鲁大学讲授中国文学时，就有意写作一部中国文学史，但时断时续。一九五八年，柳无忌先生向洛克菲勒基金会请求资助，此事未成，但是为了请款而拟的该书的大纲却经过胡适的审阅。胡适还就此书提出了一些意见，这些意见后来就被消化在成书之中了。

讲中国文学史，这本给外国学生写的、作为入门读的书，当然是很简略了。但是，作者把中国文学作为一个整体介绍给西方，没有所谓"古代""近代""现代""当代"的分割，倒也从另一方面显示出一种整体意义。尽管在此前后，北美除了陈受颐的一种多卷本的 *Chinese Literature: A Historical Introduction*（《中国文学史》），还有海陶玮（James R. Hightower）的 *Topics in Chinese Literature*（《中国文学论题》）、刘若愚（James Liu）的 *Arts of Chinese Poetry*（《中国诗学》）等著作行世，但柳先生的这本基础性的通论仍在北美产生了较大的影响。我猜想，这大约和柳先生在印第安纳大学培养了一批学生有关。

因为这次合译英诗，柳先生对倪老师印象深刻。倪老师一九四九年毕业于上海圣约翰大学，英文功底很深。柳先生就请倪老

师译这本 *An Introduction to Chinese Literature*（《中国文学新论》）。倪老师曾提出请几位教授合译，但柳先生坚持请倪老师一人来译。一九九二年夏天，这本书已经经过三校了。倪老师让我到中国人民大学出版社送校样。当时家严年近退休，却老当益壮，来中国人民大学做访问学者，这期间我就常来看他，同时又可以联系工作，所以来北京比较多。我认识的中国人民大学出版社的第一位编辑，就是这本书的责任编辑秦桂英。秦老师夫妇都是南开大学毕业，秦老师的先生就是章安琪教授，研究外国文学的专家，特别是研究缪灵珠很有名。当时那几年，章先生任中国人民大学中文系主任。我和中国人民大学出版社结缘于此书，也是很久远了。

倪老师几次和我说过，他译柳先生这本书，费了不少的心力。柳先生看中倪老师来翻译这本书，一因倪老师的英文水平，二因倪老师的中国文学功底，因为这毕竟是讲中国文学的书。倪老师的翻译忠实原著，认真核对书中的中文原文，包括大量的古典文学引文。在此基础上，译者还对原著做了少量的、却是非常必要的增润，因为原著有的地方过于概略，对中文读者并不合适。增润的主要是现代文学部分的散文和诗。——这些当然都得到了柳无忌先生的认可，他最后通看过此书的中文译文。柳先生还曾请倪老师为此书写个序，但倪老师没写——这令柳老先生多少感到有些遗憾。所以说，这部中文著作，是著者和译者合作的成果，其中有译者创造性的工作。

一九九三年四月，此书由中国人民大学出版社出版，中文名最后定为《中国文学新论》。在此前后，我几次向倪老师说起要为这本书写书评的事，倪老师就提供了一些关于柳先生的书。书评写成后，投了一两家报刊，一时未被收用。后来，这篇名叫《从柳无忌开始》的文章，用我的笔名"李庸"发表在一九九五年第五期的《博览群书》上。这篇文章的主要观点，就是"在中国大陆与西方世界相隔膜的几十年当中，世界对中国的了解，对中国文学、对中国文化的了解，很大程度上要归功于那些海外的华裔学者"，"他们的学术活动本身，就已成为中国文化的新生长的一部分精华"。"还有更重要的一点，他们对中国文化的理解，已经而且将继续对西方人认识中国文化发生影响"。"西方人了解中国，是直接和这些人相关联的"。就是说，我们如果要理解西方人对中国的理解，必须了解他们得到的是哪些关于中国的知识，是哪些人、用什么样的观点介绍给他们的。显然，这对于我们理解西方人如何"理解"中国，是很重要的。

如果说这篇文章侧重于谈《中国文学新论》这本书，那么第二次写关于柳先生的文章，则大大加重了他与南开的内容。

二、通信

一九九六年上半年，我已准备正式从光明日报编辑部调到中华读书报。这期间，我就开始为新的报纸版面组织稿件了。人物、话题、事件是几大块儿。我就又想到了柳先生，想从南社的角度写，题目很早就想好的，叫"最后的社员"。我知道柳先生的胞妹柳无非女士当年也加入了南社，于是就想一起写，都要采访。

与柳老先生远隔重洋，采访只好通过写信了。第一封信就这样寄出了。

柳啸霞老前辈著席：

久慕前辈英名，今日得缘鸿雁求教，不胜欣幸系之！唐突扰安，请您见谅！

我一直在南开大学中文系读书。1994 年到光明日报工作，任该报和中华读书报的编辑、记者。在读硕士期间，有幸是倪庆饩先生教授英文，倪老师经常表达对您的敬慕，称赞您的英文流畅美妙，学识通贯古今中西。1995 年 5 月，我在《博览群书》上发表书评《从柳无忌开始》，算是自己的一点学习心得。倪老师讲，他已将此文复制寄呈于您。

我本人几年来一直做文化方面的报道，间或写点评论。我以为，以南社在中国现代史上的特殊地位，更因为目前健在的南社成员已屈指可数，所以，让这些前辈尽量多地留给后人一些文化遗产和精神财富，是我不可推辞的责任和由衷的愿望。又因为您在南社和新南社中不同寻常的地位，以及您本人在教育(特别是对南开)方面和文学方面的卓越成就，所以我不揣冒昧，草率打搅，万乞见谅！

1. 您近一两年的身体健康情况如何？目前正在做什么研究？

2. 南社及新南社在您的一生中占据什么位置？您可以用两三句话简要概括您现在对南社和新南社的评价吗？

3. 文学在您的一生中占据什么位置？

……

5. 您怎样评价鲁迅的成就？您认为毛对鲁迅的著名的"五个最"的评价是否恰当？您本人和鲁迅见过几次面？

……

7. 您的孙辈中已有非华裔血统，她还能保持中国文化习惯吗？您对此怎么看？

8. 您认为中国文化的出路何在？

以上问题，请您赐教，不胜感激。

一星期之前，我去华侨公寓拜访了柳无非女士，还想在近期再走访一些老先生。当初我曾仔细读过《柳无忌年谱》，近日再读，还有您的《古稀话旧》，不胜唏嘘感慨。前贤先圣之超拔高绝，我辈望尘莫及！

此祝
健康！

晚生　祝晓风　拜
1996 年 5 月 30 日

柳先生在接到信的第二天，就亲笔回信。兹录如下：

晓风先生：

　　5 月 30 日大函昨日收到，很高兴。知道你是南开同学，读过倪庆饴教授的英文课。你发表的书评，有关我的那篇，不知能否请费神再寄我一份？谢谢。

　　现就你提出的问题，简单答覆如下：

　　1. 我的身体健康依旧，作为一个将近 90 岁的老人，那是很好的了。走路不需要扶持，不用手杖，尤其在美国普遍以汽车代步，还没有走路难的感觉。目前已不作任何研究，惟对于中、西文学，尤其是南社以及苏曼殊、柳亚子诸人都有兴趣。《柳亚子文集》由我努力催促，终于出齐。我的英文本《苏曼殊传》有中译本。

　　2. 当然，由于私人的关系，我对于南社的评价很高，新南社的历史比较短，贡献不大。个人方面，我继续以写作及出版的行动，提倡南社。由我主持的国际南社学会，正在编印两套《南社丛书》，由两家在北京的出版社分别印行，已有多种问世，另附一页，以备参考。《人民日报》1994 年 12 月 30 日曾登载一篇我的短文：《海内外"南学"起潮音》，不知你看到否？

　　3. 文学在我的一生中占据最重要的位置，可以说，它代表我的生活的全部活动，其它只有一些嗜好，如收集邮票、

9

钱币。

……

5. 我不认识鲁迅（曾与周作人见面一次），但是没有疑问，他对新文学的贡献极大。毛泽东对鲁迅的评价，我未读过。"今圣人"之称却是恰当的。

……

7. 我只有一个女儿，她生长教育于美国，嫁一英籍教授，她的子女已少"华裔血统"，更未能保持"中国文化习惯"。文化习惯，中西不同，各有长短，不可一概而论。

8. 中国文化的出路在融汇中、西文化的优点。至于何者为优，何者应采用，各人见仁见智，对此我无意置辞。

随便写来，请指教。

祝好！

柳无忌上

我的号"啸霞"是从我父亲的名字蜕化为"小亚"所取的，恰好与大名相对。一笑！

倪庆饩老师曾中译的英文书 *An Introduction to Chinese Literature*，《中国文学新论》，你见到否？还有一位南开老师张镜潭，你认识否？他是从前我的学生，不幸已先我去世。又及。

你的地址 Yong'an 106 不解，希望此信能到达无误。

此信我于一九九六年六月十五日收到。因为我原以为柳先生已经看到那篇书评，在信中就没有说这是关于《中国文学新论》的，所以柳先生在信中又问起"倪庆饩老师曾中译的英文书 *An Introduction to Chinese Literature*，《中国文学新论》，你见到否？"

在我五月三十日给美国的柳无忌先生寄信的同一天，也给柳无非先生寄去一信。如下：

柳无非女士：

前日拜谒，令晚生不胜感慨。回来之后，我又重读《柳无忌年谱》及有关书籍，更觉前贤先圣之超拔高绝，我辈望尘莫及。

今拟几个采访问题，不知妥否？

一、1925 年您参加反对段祺瑞的游行而负伤的经过。

二、几次新南社雅集，您对哪一次印象较深？

三、1934 年 3 月 4 日，新南社在上海四川路新亚酒店举行临时雅集，令尊、令堂和您都参加了，请您谈谈那一次的情况。谁给您的印象最深？

四、1928 年 8 月 19 日，柳亚子先生邀鲁迅于功德林餐馆宴饮，同席有沈尹默、李小峰，及刘季平、陆灵素夫妇，还有佩宜夫人和您、无垢女士。席间，柳亚子先生和鲁迅先生都谈了些什么？

……

以上几问，多有冒昧，万请见谅。能得到您的指教，晚生将不胜感激！

此颂

夏安！

晚 祝晓风 拜
1996 年 5 月 30 日

采访柳无非应当是在五月中下旬。当时的女同事、美丽的王迎和我一同去的。柳先生就住北京车公庄老虎庙的华侨公寓，此前数月，我曾来这个大院采访过吴作人。这次来，我发现柳、吴两家竟然在同一幢楼、同一个单元、同一层，而且就住对门。那次我采访，和柳先生谈，王迎在旁边支着三脚架，一言不发，很专注地听，很安静地拍照。第一次见面，谈得并不深入。我说了大意，柳先生也略谈了一些。后来我们约定，我回去再把问题细化，写成书面文字寄来，柳先生也就书面作答。这样，一是文字比较确切，二是可以让老人比较从容，三是可以省却上门相扰之烦。于是就在同一天，我给两位老人同时写了信，寄出了。

不久，柳无非老人回信云：

祝晓风同志：

　　来信收到。

　　所提问题，有些答不出来，有些勉强作答，现另纸附上，请阅。恐未能及格也。

　　祝

近安！

柳无非

1996 年 6 月 16 日

其另附纸云：

（1）1925 年 5 月上海日本纱厂枪杀工人顾正红，引起各界群众愤怒，掀起五卅运动，其时我就读于上海圣玛利亚妇校（一所教会学校），部分同学组织游行，我亦参加，但被校方阻止，未能成行。为此我不愿在该校念书，下学期转入神州女校，那里的老师思想进步。

那时直系军阀垮台，北洋皖系军阀段祺瑞执政，他屈服于帝国主义，破坏人民群众的反帝斗争。于是上海的爱国群众组织起来，举行示威游行，反对段祺瑞。神州女校的学生积极响应，参加反段大会，组织游行示威，我也参加。当时学校有一位老师说我年纪太小，劝我不要参加游行，但我执意不听，与同学们一起浩浩荡荡出发，一路高呼口号，群情激奋。不记得我们的队伍行至什么地方，遇到一群军警马队横冲直撞过来，把我们的队伍冲散，我跌倒在地，额头跌破流血，同学们把我扶起后一同返校。于是卧床休息，一星期后痊愈。

（2）新南社成立大会原定于1923年10月10日举行，那天正值叶楚伧先生和吴孟芙女士的婚期，故新南社延至10月14日宣告成立，举行第一次聚餐会于上海福州路小花园都益处菜馆，到38人。1924年5月5日举行第二次聚餐会，地点不变，到会者30余人。同年10月10日在上海新世界西菜部举行第三次聚餐会，到会37人。我和妹妹跟随父母亲及哥哥参加了那次聚餐会。会后又跟着到兆芳照相馆摄影留念，居然成为新南社社员，觉得很新鲜，很有趣。这是我第一次参加新南社聚餐会，亦是最后一次。此后父亲忙于参加政治活动，无暇顾及社务，新南社遂告停顿。

（3）1934年3月4日晚上，我随父母亲参加在上海北四川路新雅酒店举行的南社临时雅集，到社友与非社友109人。亲戚中有姨母、舅父、姑夫，那时哥哥在天津南开大学任教，妹妹在北平清华大学念书，未能参加。南社临时雅集参加者人数甚多，非常热闹。胡寄尘提议，要父亲仿照《东林点将录》及《乾嘉诗坛点将录》前例，开成《水浒传》一百零八人的名单，以蔡元培先生为梁山泊开山头领托塔天王，父亲自封为天魁星呼保义，在报纸上宣布。但后来在《南社纪略》内父亲自云："到现在看起来，自然疵谬百出，自己也很懊悔似的，认为太无意义了。"

（4）1928 年 8 月 19 日，父亲邀鲁迅于功德林餐馆饮宴，我随父母亲同往。席间，父亲与鲁迅谈些什么，当时并未留意。

……

接到柳无忌先生信后，我又去一信，一是又补充了两个问题，二是确认柳先生第一封回信的内容是否可以发表。我的信现在一时找不到了，但柳先生的信现存。

晓风先生：

6 月 27 日来信收到，附复印件（李庸:《从柳无忌开始》）一份，谢谢。

我在《海内外南学起潮音》文中所谓"复兴"，系指近年来国内对于南社研究兴趣的广泛提高，不单指国际南社学会的创立。在这方面，略举一些事实为证明：

（1）有关南社书籍的出版

《南社史长编》，杨天石、王学庄编，1995

《南社人物吟评》，邵迎武著，1994

《南社丛刻第二十三集、第二十集未刊稿》，柳亚子编，马以君辑，1994

（2）南社的研究、通讯

《南社研究》（广东）1—6 期

《南学通讯》（北京）1—10 期

《广东南学》1—2 期

《云南南学通讯》12 辑

《南讯》（江苏）1—2 辑

其中，广东中山大学出版的《南社研究》系名副其实的研究刊物，我曾为其第一期写了一篇对于"南社"与"南学"的短文（《回顾与前瞻》）。大函所谓"南社的再生"，事实上当然不可能，但是求其次，可以把这希望寄与僻处昆明的"云南南社暨柳亚子研究会"，他们有一百余人的会员（这是我初步的估计，那知仔细地把第12辑的《（云南南学）通讯》查阅一下，其中《迎春茶话会……会议纪要》文中，记录着"会员总数为756人"，略少于最盛时期民初的南社社员）。

[奉上照片一张]，文章一时写不出来。近来信已懒写，文债更高积，如何是好？（此信例外，收到即覆。）

祝好！

柳无忌上

1996 年 7 月 2 日

这一页又加了两个注："照片未寄"；"哪知覆而未寄出，还是搁置了十余天"。

页下又有三行半字：

上次信内所谈到的几个问题，除有关政治部门（"门"为"分"字之误——晓风注）外，如你有意叙述公开，我可以同意。又及。

现附上柳无忌先生的回信：

為其第一期寫了一篇 对于"南社"與"南明"的短文(以回顧與前瞻)。大致所謂"南社的再生",事實上尚然不可能，但是求其次，可以把這希望寄與昆明的"雲南南社暨柳亞子研究会"，他們有一百餘人的会員（這是我初步的估計，那知仔細把第12輯的《通訊》查閱一下，其中《迎春茶話会……会議紀要》文中，竟錄着"会員总人數為756人"暗少于最盛時期民初的南社社員。

〔奉上照片一张〕文章一時寫不出来。近來信已懶寫，文債高積，如何是好？（此信倒头，收到即震。）

祝兄好！

柳無忌上
1990.7.2

上次信內所说到的幾个问題，除有関政治部門外，如你有意叙述公開，我可以同意。又。

柳无忌给祝晓风的回信

但是此信还并未收束。老先生又写了第三页：

关于李庸的《从柳无忌开始》那篇文章，有可以补充的一点，就是除了已有中文译本的《中国文学新论》（*An Introduction to Chinese Literature*）外，我还有一部与印第安纳大学（Indiana University）同事罗郁正（Irving Lo）合编的 *Sunflower Splendor—Three Thousand Years of Chinese Poetry* 1975。此书出版不到半年，销路甚广，达 17,000（一万七千）册，为美国 *Book-of-the-Month Club* 选本之一。中诗英文本如此畅销，可称奇迹。为读者与教书者方便，我们另编印了一册中文本《葵晔集：历代诗词曲选集》，1976，与英文本对照。关于中、西文化之交流，尤其是中文诗、词、曲的介绍，此书颇有影响与贡献。

Sunflower Splendor 有三种版本：

（1）*Anchor Press/Doubleday*，N. Y.，1975

（2）*The Anchor Literary Library*，N. Y.，1975（？）大概系此书销路好而由 Doubleday 书店于此年重印。

（3）Indiana University Press，Bloomington，IN. 无出版年份。

此信的第一页的抬头最上边，还有两行字：

此信写好后，因为找不到照片，没有寄出，延搁至今。今日又看了一遍，不再等待，立即付邮。7/16

随信柳先生附寄了一份《人民日报》一九九四年十二月三十日上的《海内外"南学"起潮音》的复印件。

此信我于一九九六年七月二十六日收到。

三、发表

以这几通信为主要内容，参考叶雪芬《柳无忌年谱》和其他资料，我于一九九六年十月撰写成文，原题《最后的社员》，为的是要那么一股劲儿，有点儿装酷的意思。此文发表于一九九六年十一月六日的《中华读书报》，题为《最后的南社社员》。标题中的"南社"二字是当时的光明日报副总编陶铠加上的。发表时，无忌先生的第一封信中的（4）、（6）两答，当时没能发表。无非先生信中的（6）一答，也没有发表。

文章见报当天，我就给两位老人寄去报纸。先收到无非先生的回信。

晓风同志：

大作《最后的南社社员》在《中华读书报》刊载后，不少朋友来电话。有的说看到这篇文章，很高兴。有的说我那张照片很好。有的说我有一子一女，而文章只提到我的儿子，怎么没提女儿，并有邻居当天看到这篇文章后，就把报纸送我。因此，在收到你寄来的《中华读书报》之前，我已经看到你这篇文章了。

文中提到："几年前，她当年在美国史密斯大学的一个同学曾邀她回母校看看……"邀我去的不是史密斯的同学，是罗林斯大同（学）的同学，我在罗校也念过书。

有朋友向我要报上那张照片，能否请你把底片给我，印好后奉还。如另有好的照片，亦请寄我。祝好！

柳无非

1996 年 11 月 27 日

可见照片拍得不错。那是王迎自己拍、自己冲洗的。洗出来的照片有点儿皱，而且有些过黑，但却有着一种质朴和率真。

除了无非先生指出的这一处错误，还有一处，是我文中写道："1989 年初，由王晶垚、高铦、柳无忌发起的国际南社学会正式创立。"一九九七年春，我收到高铦先生来信，指出，"国际南社学会是 1988 年我去美国讲学期间与柳无忌先生共同商议、酝酿的（后在 1989 年 5 月 4 日正式宣告成立），发起人为柳无忌先生等八人，与王晶垚无关。"高先生的这封信，和《最后的南社社员》一起，刊在《南社通讯》第十三期上。在这一期《南社通讯》上，这封信再翻过一页，就是吴作人逝世的消息。高先生的这封信，我记得当时也在《中华读书报》上登了。《最后的南社社员》发表后，略有其他反响，《作家文摘》《文摘报》各摘了一两千字。

无忌老先生收到报纸后，也马上回了一信，云：

晓风先生：

承寄此间的《中华读书报》（1996 年 11 月 6 日）有大著《最后的南社社员》一文，提及我的妹妹无非与我，并有照片三张，其中无非的系新近所摄，尚未见到，一切谢谢。"作为一个将近九十岁的老人"，最近写了三首《虚度九十龄》的旧体诗三首，附函奉上，以博一粲，并请指正。

匆匆。即请

文安！

柳无忌上
1996 年 11 月 12 日

第二页是一张大十六开的活页纸，有老先生抄录的三首诗作，云：

虚度九十龄有感

（一）

人生九十今亦稀　白发垂垂叹独居
不闻不问混无事　岁月逍遥我老矣

（二）

此生九十我有感　最喜身心俱康宁
闭户读书饶兴趣　对月赏花怡性情
床头抱枕欲入睡　郊外驾车趁飞驰
行路无愁脚步健　窃笑古人未能如

（三）

此生九十前途渺　异域漂流似萍踪
喜怒哀乐寻常事　垂头一死万事空

此信我于十一月二十三日收到。

四、旧事

这些日子，在写此文的过程中，我翻检资料，就又有了一点儿故事，也一起录在下面。

一是柳无忌与鲁迅。当年我对此并无更深的研究。其实，柳先生早在一九三〇年间曾与鲁迅通过一封信。

鲁迅先生：

素不相识，请恕冒昧通信之罪。

为的是关于中国小说的一件事。在你的《小说史略》中，曾讲过明代的一部言情小说：《玉娇梨》，真如你所云，此书在中国虽不甚通行，在欧洲却颇有一时的运命。月前去访耶鲁大学的德文系主任，讲到歌德的事。他说：歌德曾批评过一部中国的小说，颇加称道；于是他就把校中"歌德藏书室"中的法德文译本的《玉娇梨》给我看。后来我又另在耶鲁图书馆中找到一册英译。

在学问方面，欧美作者关于歌德已差不多考证无遗，——独有在这一方面，讲到《玉娇梨》的文字，尚付阙如。因此我想，倘使能将我国人所有讲及此书的材料，搜集整理一下，公诸欧美研究歌德的学者，也许可算一点贡献，虽是十分些微的。但是苦于学问不足，在此又无工具可用，竟无从入手。因此想到先生于中国小说，研究有素，未知能否示我一点材料；关于原书的确切年代，作者的姓名及生活，后人对于此书的记载及批评，为帮忙查考？

此信拟由小峰先生转上，如能公开了，引起大众的兴趣，也是件"美德"。

祝学安

柳无忌上

十九年一月二十一日

这封信最初发表于一九三〇年一月二十日《语丝》周刊第五卷第四十五期（衍期出版）"通讯"栏。发表时，鲁迅在信后加了按语。

鲁迅谨按——

我的《中国小说史略》，是先因为要教书糊口，这才陆续编成的，当时限于经济，所以搜集的书籍，都不是好本子，有的改了字面，有的缺了序跋。《玉娇梨》所见的也是翻本，作者，著作年代，都无从查考。那时我想，倘能够得到一本明刻原本，那么，从板式，印章，序文等，或者能够推知著作年代和作者的真姓名罢，然而这希望至今没有达到。

这三年来不再教书，关于小说史的材料也就不去留心了。因此并没有什么新材料。但现在研究小说史者已经很多，并且又开辟了各种新方面，所以现在便将柳无忌先生的信，借《语丝》公开，希望得有关于《玉娇梨》的资料的读者，惠给有益的文字。这，大约是《语丝》也很愿意发表的。

一九三〇年二月十九日

前年最新版的《鲁迅全集》对柳信的注，比一九八一年版详细得多，指出了柳无忌来信中所谓《玉娇梨》实为《好逑传》。

二是柳无忌对梁实秋的评价。柳与梁是同时代人，都是留学美国的，而且都研究西洋文学，还前后都编过《益世报》的《文学周刊》，都是"圈儿里人"，但多少年来，二人关系相当疏远，内中原因，有研究者一直不解。手边有一页无忌先生十几年前的旧信，或可为此提供一解。

......

梁实秋与我为先后同学（清华），但只有一面之交。我来美国，他去台湾，没有通过音问。他在台湾甚受欢迎，在国内则对他颇有批评，其中恐怕受政治及思想的影响颇大。台湾最近有人编印一册《诗人朱湘怀念集》，里面有许多人怀念朱湘之作，却题为"梁实秋、苏雪林等著"。当时我们在国内，因为梁实秋不是科班出身（好像他在美国大学没有得到什么学位），对他颇有排挤，后来在台湾，大家都没有去，他就唯我独尊了。上面只指大学内及学术界情况，在文坛上他早就有声名。有一件有趣的事情：1930年代他在天津《益世报》编《文学周刊》，后来《益世报》换了主笔（罗隆基去职，改换钱端升），《周刊》也从梁实秋换了柳无忌，名字不改，却在我主编时另起改为第一期。因此，我们的关系也不大好。

三是一段南开旧事。但说起来却让人伤心。倪老师作为柳氏最重要著作之一《中国文学新论》的译者，与柳先生只见过一面。而这一面见得竟是如此有戏剧性。一九九三年，柳先生回国访问。他来时指名要见倪庆饩教授，但柳先生的日程当时由他人安排，并不十分自由。柳先生到了南开，倪老师和周永启教授听说了，就赶到柳先生处想见一面，要把《中国文学新论》的译稿送给柳先生。不料，二人却被挡在外面，说是要有一定"规格"方可见柳先生。倪老师怒。他没理这套，径直闯进去见了柳先生。而周先生性格更温和，则被挡在门外，竟与柳先生无一面之缘。——那一年，我也还正在南开校园中，却不知当时有这等事发生在六十年前的老系主任还有当时和今后三十年南开最好的英文教授身上。

柳无忌先生于二〇〇二年十月四日，逝世于美国加州，享年九十五岁。柳无非先生二〇〇四年四月十四日逝世于北京，享年九十三岁。《最后的南社社员》和《从柳无忌开始》，二〇〇六年七月收入了我的集子《读书无新闻》，由东方出版社出版。

想到又一次来写柳无忌、柳无非两位先生，大半出于我那种顽固的职业病，小半出于前辈出版人兼老朋友的鼓励。那职业病当然就是对一些重要人物的诞辰的好记性——柳无忌先生生于一九〇七年七月二十二日，今年是一百周年诞辰；老朋友的鼓励，则触动了那欲说还休的怀旧情绪，中间当然不免会夹杂着一些自恋。

可是这篇文章却一拖再拖。总觉得其中并无新意。因为这篇文章本质上是对当年的写作的回忆，新的材料不能说没有，但很少。当年采访柳老先生，与他通信，内容大部分都在报纸上登了。

可是，今年毕竟是个"百年"，看看报刊上，对柳先生的回忆并不多，甚至可以说很少。就像当年我说他在当代中国文化语境中的陌生一样，时间又过去了十年多，他更是要被人忘记了。自己就在这犹豫中，翻看旧信，竟发现还有一点儿内容，当年没有登出来。也好，借此文，也许能让我们再想想那些值得记住的人和事。

二〇〇七年十月至十一月十五日，初稿于北京春满堂

二〇〇八年元月二十八日校定

（原载《温故》第十一辑，

广西师范大学出版社，2008 年 4 月）

附记：二〇〇八年底前我草成此文初稿，寄给几位师友，请大家提意见。南开学友汪梦川君对南社素有研究，在回信中说了以下情况。

> 说到"最后的南社社员"，有一点补充，因为最后加入南社的据记载是陆鸿（入社序号 1110），所以这里所谓的"最后的南社社员"当是指最后去世的南社社员，如此则有很多不同记载。比如有的说是胡道静（2003 年去世，胡寄尘之子），有的说是李仲南（扬州人，2005 年去世，108 岁），但是查《南社纪略》上的南社名单都没有这两个人（至于新南社，由于名单比较简单，没有字号、籍贯，所以有的很难确定是不是某人）。柳无忌先生当然确定是南社社员，但是不是最后去世的也还需要查证。

——汪兄所言极是。

张清常：为西南联大校歌谱曲

（侯艺兵摄）

这两年，纪念西南联大的书出了不少，也是因为赶上成立八十年、复校七十年的缘故吧。我手头儿也有几本关于西南联大校史的书，遗憾的是，书中都没有提到张清常。张清常何许人也？西南联大校歌的谱曲者。他一九四〇年在西南联大任教时，是当时联大最年轻的文科教授，时年二十五岁。

张清常先生一生中，曾先后有两段时间在南开大学待过。一是一九四六年到一九五七年，他在南开大学任教，当过中文系系主任，兼任清华大学和北京师范大学教授；一是一九七三年到一九八一年。在这两段时期之间，曾借调到内蒙古大学。一九八一年之后，他就调到北京语言学院（现北京语言大学）工作了，直到退休。西南联大校歌，是由北大的冯友兰作词，清华的罗庸作引曲，而谱曲者，就是精通音乐的张清常。因为张先生后来在南开，所以，再后来的人提到校歌这一段，就把它说成是三校合作的成果，也是佳话。近日出版的《郑天挺西南联大日记》，内中有二十多处提到张清常，可见他与郑天挺关系非同一般，在西南联大校史中，当有重要一笔。——总之，这是张先生在教育史上留下的一个事迹，值得一说。

因为有南开这层关系，我上大学时，就听不少老师提到张先生。比如本科时给我们讲训诂课的王延栋。一九七四年，南开大学中文系古代汉语教学小组的教师和一九七二级语言组学生，对重刊宋本《战国策》原书进行标点，由天津人民出版社影印刊行，那时，张清常和王延栋都参加了。王老师和张先生合著的《战国策笺注》，张先生说，从一九七四年算起，到一九九一年完稿，花了十七年。——王老师是张先生的学生辈，这样算来，我可算是张先生的徒孙辈了。虽然有这个渊源，但能和张先生见到面，却是因为朱一之先生帮助联系。

朱一之就是我叫朱伯伯的。他一九三三年生于河北省获鹿县（现石家庄市鹿泉市），二〇一七年十月二日，在北京病逝。一九五四年到一九五八年，朱一之在河北天津师范学院中文系读书时，与家严、家慈是同学，但比他们高两级。朱一之大学毕业后就留校工作了。一九五八年，河北天津师范学院中文系和历史系从天津迁到北京和平里，并入河北北京师范学院，朱一之也随学校到北京。二十世纪七十年代中期，他调到北京语言学院，后来就在北京语言学院主办学报，也就是《语言教学与研究》，任这个杂志的副主编和主编六个年头。因为主编这份语言学界名刊，朱伯伯与全国语言学家，特别是老一辈语言学家关系密切。我和当时住在语言学院的两位大学者，盛成和张清常，都是朱伯伯引荐认识的。

认识张清常先生，应该是在一九九六年初，与认识盛成老先生的时间差不多。

初次见到张先生，我着实有点儿吃惊。他那时已经八十多，身体多病，人瘦得厉害。有一只眼睛不好，但头脑还清醒，谈话也都没问题，还能写简短的文章。第一次见面时，是朱一之先生领着我和侯艺兵去的。张先生和朱先生见面，很高兴，二人握手笑谈，侯艺兵拍下了这情景。

张清常先生原籍贵州，一九一五年七月生于北京。一九三〇年考入北京师范大学中文系。一九三四年，以十九岁的年纪考入清华大学研究生院，师从杨树达、罗常培、朱自清等，一九三七年毕业。一九三八年秋天时，浙江大学因为抗战，已经迁到广西宜山，张先生就在彼时彼地的浙江大学教书，后来又转到西南联大。张先生早年致力于语音、音乐、文学三者关系的研究，卓有创见。他长期从事汉语语音史、词汇史研究，在语言学界享有盛誉。他的著作都是比较专深的学术著作，如《中国上古音乐史论丛》《语音学论文集》《胡同及其他——社会语言学的探索》《北京街巷名称史话——社会语言学的再探索》《尔雅一得》《战国策笺注》等。

一九九七年三月底，赵园给我打电话，说有一位沈继光先生，长年一人拍摄北京的胡同，保存老北京的资料，非常执着。沈先生没有什么功利心，拍摄胡同，自己搞艺术创作，都是自费。现在他的关于北京胡同的摄影集，要由人民美术出版社出版，希望能宣传一下。我采访沈先生后，在一九九七年四月二十三日的《中华读书报》做了一个整版。整版的四篇文章中，右上是我写的报道《消逝前的记录——沈继光与他的〈胡同之没〉》；右下是赵园的文章《残片古城》；左下是我请《光明日报》记者部的同事蔡侗辰，采访当时正火的"胡同游"徐勇的报道，用的是一个笔名"李金佐"；左上头条，就是张清常先生的文章《北京胡同知多少》。

张先生考证，北京胡同共有三千三百三十四条，根据是什么呢？是二十世纪三十年代，张先生从当时北平邮政局得到的一件原始材料。那时邮政局有项便民措施，凡向邮局查询事务的信，只要标明"邮政公事"，不用贴邮票，投入邮筒，必有答复。张先生写了封信，问：本市信件写收信人及寄信人地址，有何简明准确办法？不久，张先生得到复信，是一本六十四开七十页的小册子，按笔画顺序排列，分街巷名称、所在地点、投递区号三项，还附有一张投递地图，这样编成的北平市内外城街巷地名录。——这其实就是今天邮政编码的雏形。张先生当年住在北京积水潭附近，在这本小册子上的地址是邮八局高庙甲十号。张先生按着这个文件，一条一条数下来，数出北平共有街巷三千三百三十四条。

北京的胡同，一直是人们比较关心的一个话题。最近，姜文的电影《邪不压正》上映，又引起人们对老北京，特别是北京的胡同的兴趣。电影里，姜文把小说《侠隐》里边发生在干面胡同的故事，都改在了内务部街胡同。有人考证，这是姜文小时候住过的地方。而在二十世纪九十年代中期，关于北京的胡同，报纸上也曾有过不大不小的讨论。讨论中，当然有不同意张先生观点的，但我个人则更相信张先生的考证。张先生是语言学家，特别在古汉语方面造诣极高，他是从社会语言学的角度来考察北京历史，包括胡同的演变的。张先生关于北京的胡同有专门的研究，读者朋友不要因为看了我这篇小文章，就以为张清常先生就是凭着这个小册子下的结论。不是的。实在是受版面限制，这次报纸上只能用这么一点儿。张先生是下了很大功夫，对历史上的相关资料做了详尽研究，有坚实的、丰富的学术论证的。他就此有专门的著作，而且不止一种，很全面地研究了这个问题。实际上，后来研究北京的胡同，没有人能不参考张先生的书。当然也有人参考了，却不说明而已。

张先生的文章篇幅最短，但分量最重。因为有这篇文章，这一版报纸的学术层次就完全不一样了。

这期报纸出来后，我专门跑到张先生在学院路北京语言学院的家，给他送稿费和样报。那天是一九九七年四月二十九日，星期二。之所以晚了几天，是因为要开出稿费来，我要直接把稿费送到他手上，这样可以省得老先生跑邮局去取。那天，他签名送我一本《胡同及其他》。

那几年，侯艺兵正全力投入到《世纪学人》的工作中，这是一本史册，将传之后世。最开始，他并不知道有张清常先生，知道后，他就发愿，要好好地拍，把张先生收入这本书中。所以，一九九七年八月十一日，我又专门陪侯艺兵到张先生家，拍了照片。这时，距张先生逝世，已经不到半年。照片拍得很好，留下了张先生最后的风采。这次，张先生又签名送我一本《北京街巷名称史话》。遗憾的是，《世纪学人》二○○一年由山东画报出版社出版时，张先生已经作古了。张先生是一九九八年一月十一日过世的。我在第一时间写了一篇名为《学林殒宿 联大绝响》的文章，发表在《中华读书报》"人物故事"专栏，介绍张先生生平，同时也是报道他去世的消息。配着侯艺兵拍的照片，登在一九九八年一月二十一日第一版。这一算，一晃二十年过去了。

    我手头儿还有张先生和王延栋合著的《战国策笺注》，是启功题写的书名。这本书，是王延栋老师在一九九七年四月签名送我的。

二〇一八年八月底，免斋

（原载《中华读书报》2018 年 9 月 19 日）

译者倪庆饩

（侯艺兵摄）

一

这个"饩"字，读"xì"，和"戏"字同音。《辞海》上解释这个字有三个意思：一是"粮食或饲料"；二是"赠送"；三是"活的牲口"。《论语》里有："子贡欲去告朔之饩羊。子曰：赐也！尔爱其羊，我爱其礼。"

如果从一九四七年倪庆饩老师翻译并发表希曼斯夫人的诗《春之呼声》算起，他的翻译生涯有整整七十年了。那时的倪老师还是上海圣约翰大学的一名学生。多年以后，倪老师曾对我不止一次说过，与其自己创作二流甚至三流的所谓作品，不如把世界一流的作品翻译过来，更有意义。

二〇〇二年八月，我在《羊城晚报》上写了一篇名为《译者倪庆饩》的文章。现在，距离那篇文章的发表，不经意间又是十五年过去了。按中国传统的算法，倪老师当年是七十五岁，今年已经九十岁了。十五年间，倪老师又有七部译作面世。最新的一部，就是赫胥黎的《水滴的音乐》，去年由花城出版社出版，不少报刊都发了评介文章。今年，河南大学出版社也计划出版他的两部译稿，《英国近现代散文选》和华尔纳的《少年行》。据我手头不完全的计数，这应该是译者倪庆饩的第二十三本和第二十四本译作。

一九九九年，我去看他，聊天儿中问起他的年龄。原来在我印象中，倪老师那一年大概六十七八岁。可是，他说"我今年七十一岁了"。他的语气十分平常，毫无激越慷慨，也并无伤感与不平，但我听来，心中不免有些黯然神伤。他接着说的一句话，同样平常的语气，却让我心头震动，现在回想起来，仍感慨唏嘘，不能自禁——他说："我今年七十一岁了，我们的师生缘也不长了。"

二

那是二十世纪九十年代的第一个年头。秋天，学校开学，我们上英语精读课。那天，我们见到一位老者，步履缓慢，走进教室，走上讲台。他中等身材，穿着十分朴素，大概就是"的卡"布的中山装；头发花白；他走路慢，右腿往前迈时，会先有轻微的一顿，好像句子中不小心多了一个逗号。那步履的节奏，多少年都是那样，慢慢的，一步一顿。

那阵子，我的思绪尚未收拢，心儿好像还在别处，只是觉得这位老师讲课有点儿特别。一个"公外"（公共外语教学部）的老师教公共英语，却在课上不时地提起王国维、陈寅恪。他似乎对手上的课本并不十分在意，教这些东西，在他眼里好像只是小技，并非学习英文的大道与鹄的；而且，他经常眉头微皱，在那种些许的漫不经心之中，他的眼神和眉宇之中仿佛还有一丝忧愁与伤感。当年的研究生教室里总好像空空荡荡。老师讲课，我有一阵子都不怎么听得进去，在课堂上经常心猿意马，只盼着早点儿下课，和当时大多数年轻人一样，想着人生前途之类的"大事"。

课堂外和倪老师开始交往，是因为帮一个同学的忙。那个本科同级的同学是天津人，在环境科学系。他要出国去澳大利亚，拟了一个推荐信，托我找倪老师在文辞上润色。我愣头愣脑就去了。倪老师认真改了后，我第二天又去拿，不免就多聊几句，他就知道我是中文系的学生。然后就聊中文系的一些他认识的老师，包括朱维之先生等。于是，我们似乎就这样熟悉起来了。

倪老师有两个漂亮女儿，倪桑和倪橙。回想起来，我和倪老师一家认识二十七年，居然和倪桑几乎没有说过话，只是在去倪老师家时，偶尔打过一两次招呼。和小女儿倪橙则比较熟，那时她刚刚初中毕业，十五六岁，那一年没有考上普通高中，而她自己喜欢美术，所以暂时在家待着，一边复习基本课业，一边再准备考一考美术类院校。于是倪老师就让我给倪橙补习语文。从此，我来倪老师家就变得比较频繁了。开始计划是一周两次，基本上都是晚上七点左右。我也没有什么上课的经验，就是陪着小姑娘朗诵课文，讲讲词意和文意，说点儿故事，好引起她学习的兴趣而已。倪橙微胖，长得很白，比较活泼。晚上补习中间，师母杨希英都会给我热一杯牛奶，拿点儿点心给我吃。杨老师是天津人，在天津师范大学物理系。她喜欢和我聊天儿，总是关心我的生活，说着天津味儿的普通话，笑呵呵地问这问那。我一个远离家乡父母的小青年，却意外得到了家庭般的温暖。

三

倪老师多年后能翻译英美那些大作家的作品，而且，对这个事情长年保持热情，这与他当年在上海圣约翰大学所受教育关系很大。当年的圣约翰，从附中到大学，一水儿的外教。英语是英国老师教，日语是日本老师教，其他各语种的课程也是由相应国籍的老师任教。倪庆饩受古典英语熏陶多年。在英语系，他上得最多的是文学课。课程按专题设立，如莎士比亚专题课、英诗专题课、小说专题课等，这使倪庆饩系统、深入地了解了英语语言文学史上的重要作家、作品。

美籍教师也比较多，战乱时也有从中国北方的大学转到上海圣约翰大学教书的著名教授，如王文显、司徒月兰等。王文显曾任清华大学代校长、外国文学系主任，是中国现代戏剧的重要先驱之一。曾有学者认为当年曹禺从南开转学到清华，一半是冲着王文显的。而司徒月兰则是在教育界享有盛誉的英美文学家、南开大学英语系的奠基人。——这应该是倪老师与南开最初的结缘吧。倪老师曾说过："司徒月兰教过我的英语基础课，她的英语发音挺好听的，讲得地道而流利。王文显教的是莎士比亚专题课，他讲课不苟言笑，却有一种温文尔雅。而英诗、小说这些专题课都是外籍教师教，他们的英语素养就不用说了，真是原汁原味。"

出于对文学尤其英国文学的深深喜爱，倪庆饩有一种愿望，通过翻译来检验自己的学习所得，并以此与天下人分享英国文学之魅力。于是译锋初试，《春之呼声》在上海《中央日报》副刊发表。

一九四九年大学毕业后，倪庆饩曾在北京待过一段，短暂任职于某对外文化交流部门，后因患肺病而被迫离职回湖南老家养病。一九五三年，他到湖南师范学院任教，开始是在中文系教外国文学。十余年的教学与研究，让他"打通"了欧洲文学史的"脉络"，这对文学翻译工作来说是极为重要的。他当时在教学之余，也偶尔搞一些翻译，但他自称都是"零碎不成规模"。再后来，"文革"浩劫袭来，他在中文系教的外国文学课被批判为"公然宣扬资产阶级人道主义"。

于是，温文尔雅，还喜欢在课堂上高谈阔论人道主义，而不知"阶级斗争"为何物的倪庆饩，只得转到英文系教语法了。起初，中文系的学生还追着他将大字报贴到英文系，但毕竟，那些枯燥的"主语、谓语、宾语、动词、名词……"逐渐为他筑起了临时"避风港"。"文革"的遭遇，让倪老师多年后一直心有余悸，他因此得了一个教训：就算只是安守本分搞文学研究和翻译，也保不准哪天会被扣上莫名其妙的"帽子"。此后，他的为学处世变得更加低调，他时常暗暗告诫自己"不要出风头"。

倪老师重拾译笔，是在二十世纪七十年代末期调到南开大学英文系任教之后。初到南开，他便开始在教课之余翻译一些作品，当然，只是"试探性"的，因为"还是怕又挨'批判'"，所以难免"有点战战兢兢的"，都是以零散的短篇为主。倪老师虽然很低调，但还是引起了同事的注意。经张镜潭教授介绍，他认识了柳无忌先生。柳无忌是柳亚子先生哲嗣，也是著名诗人、学者，曾于二十世纪三十年代以二十六岁的年龄任南开大学英文系教授，一年后任系主任，延聘多名留美人才来南开任教，彼时南开英文系阵容之强，可与国内任何一所一流大学匹敌。二十世纪四十年代末以后，柳无忌先生虽一直客居美国，然而一直心系南开。七十年代后他曾多次回国，专程来南开访旧。

柳无忌对倪老师的译才很重视。二十世纪八十年代，他主编《英国浪漫派诗选》，其中"雪莱诗选"与"济慈诗选"部分，便由倪庆饩、周永启共同翻译。柳无忌先生深受英国浪漫派诗人（特别是雪莱）的影响，他在耶鲁大学获得英国文学博士学位的论文题目便是《英国浪漫主义诗人雪莱》，由倪庆饩来翻译雪莱，可见其对倪的赏识。我手头儿倪老师送我的书，最早的就是这本《英国浪漫派诗选》，是江苏教育出版社一九九二年二月出版的，倪老师签名送我是这一年的十二月八日。以下附倪庆饩抄写雪莱的诗句。

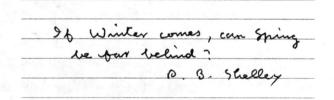

If Winter comes, can Spring
be far behind?
P. B. Shelley

倪庆饩抄雪莱诗句手迹

那几年，倪老师也引起时任南开大学中文系主任朱维之先生的注意。他称赞倪庆饩是"年富力强的英文教授"，"有丰富的教学和翻译经验"，"译笔清新自然，足见功力"，多次为倪庆饩的译著作序。朱先生甚至提出把倪老师从"公外"调到中文系。但倪老师考虑再三，终于没有来。

四

二十世纪九十年代初，"散文热"席卷全国。天津的百花文艺出版社领一时之风骚。当年，他们出了两套大型散文丛书：一套是中国的作品，叫"百花散文书系"，包括古代、现代和当代的；另一套是外国的作品，叫"外国名家散文丛书"，影响也很大。一九九一年时，"外国名家散文丛书"就已推出第一辑共十种，包括张守仁译的《屠格涅夫散文选》、叶渭渠译的《川端康成散文选》、叶廷芳译的《卡夫卡书信日记选》、戴骢译的《蒲宁散文选》，还有江志方等译的《聂鲁达散文选》和徐知免的《米什莱散文选》等，另外，《史蒂文生游记选》即为倪译。由此开始，百花每年推出十种中国散文、十种外国散文。百花主持此事的副总编谢大光，每年请倪老师翻译一本，连续若干年，包括第二辑的《赫德逊散文选》、第三辑的《小泉八云散文选》、第四辑的《普里斯特利散文选》，而《卢卡斯散文选》和《高尔斯华绥散文选》两本，是在同一辑里一齐出版的，可见当年译者倪庆饩的工作热情与多产。

要知道，倪老师翻译这些作品，从选目开始就很有讲究。他不是抓着什么译什么，而是从研究文学史着手，专找那些有定评的大作家的作品，而且是没有中译本的。所以，几十年下来，把倪译作品集中放到一起，就会看出其独特价值：一是系统性，二是名家经典，三是填补空白，四是译文质量高。他觉得，有那么多一流作品还没有被翻译介绍到中国来，完全没必要扎堆去重复翻译那些大家熟知的作品，尽管那些作品会更容易卖钱。毫无疑问，如果没有倪庆饩的译介，许多英美一流作家的散文经典，一般中国读者至今都不会读到。

所以，倪译书，目标性是很强的。选定书目后，倪老师会先到图书馆借。南开图书馆还是比较厉害的，许多古典文学作品都可以找到。南开找不到的，他就想办法到其他图书馆找。再找不到的，他就托朋友在国外买。

他的翻译，完全手写。第一遍用铅笔或蓝色圆珠笔进行初译，写出草稿，会写得较乱，改得密密麻麻；然后誊清，对着原书用红笔再修改一遍；最后再用钢笔誊清。如是，至少三遍。最后一遍字迹会比较工整，因为是要出手的东西了。一部十几万字的书，相当于他要至少抄写四五十万字。

正常状态下，第一遍初译，倪老师平均每天能译两三千字。如果身体状态好，其他各方面又没有什么牵扯，原作又不是很难，那么，一部十五万字的书，两个月之内可以完成初稿。但大多数时候，一部书所需要的翻译时间要更长一些。

其中，对文字、语句的斟酌、推敲，消耗了译者大量的时间和精力。即使碰到《格拉斯米尔日记》这样"词浅意深"的作品，倪老师也从未敢掉以轻心。有些作品甚至近乎口语风格，其用词与句式看起来比书面语要普通平易，但要译得"如闻其声，如见其人"确非易事。倪老师说："比如 girl 这个词，书面语可译作'女郎'，或通译为'姑娘''女孩'，口语则可译成'闺女''妞''妹子''丫头''姐儿'等，但文学作品中的口语不完全等同于生活中的口语，是经过作家加工的口语，翻译如果在文体风格上也能跟原文吻合，就称得上是传神的译文，优秀的译作。"

这些还不是困难的全部。碰到赫德逊《鸟界探奇》这样的书，内容广涉自然万物，包含博物学中动物、植物方面的专业名词很多，对倪老师来说完全是陌生的领域。他一个老人，就跑图书馆，一个词一个词地查词典，找各种工具书来解决。这些，都需要大量的时间。

倪老师的书，后来大都是这个样子，他按自己的想法，选择了要翻译的书，就译；译好之后，再找出版社；而出版社往往不好找。于是，这样往往一拖就是好几年。说起来，这里面的故事可真不少。比如倪老师译英国近代文学史上的大作家威廉·亨利·赫德逊（1841—1922）的书《鸟和人》。

一九〇一年，赫德逊《鸟和人》出版。一九三五年，中国著名作家李广田在他的《画廊集》中，专文写到赫德逊和他的这本书（《何德森及其著书》）。——五四新文化那一代作家，是与世界文学声气相通的。《画廊集》于一九三六年三月在商务印书馆初版，属"文学研究会创作丛书"之一。又过了六十年，到二十世纪九十年代中期，倪老师根据一九一五年第二版译出《鸟和人》。因为机缘巧合，出版《李广田全集》的云南人民出版社，因为知道李广田很推崇这本书，就想找合适的译者来翻译。他们通过李广田的女儿李岫打听。那年李老师已经七十多岁了，专门打电话跟我说这件事。我说，不但有最合适的译者，而且此书早已经译好了。不是吗？那厚厚的手写的稿子一直寂寞地躺在译者的案头，在等待她的知音。二〇一一年，《鸟和人》中文版终于出版。这部散文经典，经过几代人，跨越万里，穿越百年，化身汉语在东方世界出版，令人不禁感慨万端。

同年相伴问世的还有英国另外两位作家的散文集，威廉·亨利·戴维斯的《诗人漫游记 文坛琐忆》和多萝西·华兹华斯的《苏格兰旅游回忆》（均为倪庆饩译，云南人民出版社 2011 年 7 月出版）。其中《苏格兰旅游回忆》的姊妹篇《格拉斯米尔日记》则于二〇一一年八月由广州的老牌文学出版社——花城出版社出版，作为"慢读译丛"的一种。加上《鸟和人》，我称之为二〇一一年中国散文界或曰文学出版界"倪译四种"。

但是这样的运气来得并不多，而且往往很迟。比如赫胥黎《水滴的音乐》，早在十几年前就已译就，但那时"散文热"伴着"纯文学"一起冷寂下来，这本书已经找不到出版社愿意赔钱出了。到二〇一一年，花城出版社和我们联系上，倪老师和我当然很高兴。但是，此时距离版权保护期的最后期限还有两年，所以此书直到去年才出版。

尽管倪老师在英国散文方面下的力气最大，但他的视野并不止于散文。除了刚才说的英国诗歌，他还译过小说，比如史蒂文生的《巴兰特雷公子》（百花文艺出版社，1995年）。这个史蒂文生，就是写过《金银岛》《诱拐》《化身博士》的那个史蒂文生。译者好像特别喜欢这个作家，翻译、出版了他的三本书。此外，倪老师还翻译赫德逊的长篇小说《绿厦》（东方出版社，2008年）。根据同名小说改编的电影，由奥黛丽·赫本主演，得过奥斯卡奖。倪老师也译过理论著作，如柳无忌《中国文学新论》（中国人民大学出版社，1993年）。另外，倪译虽以英国散文为主，但也旁及美国爱默生、加拿大杰克·迈纳尔的著作。

五

长年的翻译，使得译者有很多独到的体悟。倪老师觉得，对于翻译来说，"火候"十分重要，"译文读起来不能完全是洋文那样的味道，必须有中文的流畅凝练，但又不能完全地'意译'，要保留点'洋味'，这样才耐品——这个分寸的把握是十分重要的，又是十分地难"。他认为，好的翻译家必须具备很高的中文功底和文艺素养，诚如傅雷所言："除钻研外文外，中文亦不可忽视……译事虽近舌人，要以艺术修养为根本：无敏感之心灵，无热烈之同情，无适当之鉴赏能力，无相当之社会经验，无充分之常识（即所谓杂学），势难彻底理解原作，即或理解，亦未必能深切领悟。"①

虽然倪老师所翻译的对象，都是自己喜爱的作家的作品，但他并非对其一味赞美，对其得失，他有自己的独到见解。比如，

---

① 傅敏：《傅雷谈艺录（增订本）》，生活·读书·新知三联书店，2016年，第183页。

他对卢卡斯的看法是："他写得太多，有时近于滥，文字推敲不够，算不得文体家，但是当他写得最好的时候，在英国现代散文史上占有一席地位是毫无疑问的。"[①]而对于自己十分推崇的小泉八云（原名拉夫卡迪奥·赫恩），倪老师认为："我并没有得出结论说赫恩的作品都是精华，他的作品往往不平衡，即使一篇之中也存在这种情况，由于他标榜搜奇猎异，因此走向极端，谈狐说鬼，信以为真，这样我就根据我自己的看法有所取舍。"[②]他对作家的评价，都是从整个文学史着眼，把每个作家定位，三言两语，评价精当。比如，他认为史蒂文生"作为一个苏格兰人，他把英格兰与苏格兰关系上的许多重大历史事件作为他的历史小说的背景，在这方面，他的贡献堪与司各特相提并论。奠定他在英国文学史上的地位的，还有他的散文。他是英国散文的随笔大师之一，英国文学的研究者公认他是英国文学最杰出的文体家之一"。他为每部作品写的译后记，都是一篇精辟的文学评论，概括全面，持论中正，揭示这个作家的最有价值的精华；语言简洁、优美。译者倪庆饩，不只是不为流俗所动的了不起的翻译家，还是一位有见识的文学史家。下面这段话，不仅为多萝西·华兹华斯在文学史上标出了一个位置，我以为还可以作为英国散文史的一个高度概括，很有参考价值。

在英国文学史上散文的发展，相对来说，较诗歌、戏剧、小说滞后。如果英国的散文以 16 世纪培根的哲理随笔在文学史上初露异彩，从而构成第一个里程碑；那么 18 世纪艾迪生与斯蒂尔的世态人情的幽默讽刺小品使散文的题材风格一

---

① ［英］卢卡斯著，倪庆饩译：《卢卡斯散文选·译后记》，百花文艺出版社，2002年，第 243 页。

② ［日］小泉八云著，孟修译：《小泉八云散文选》，百花文艺出版社，2005 年第 2 版，第 250 页。"孟修"是倪庆饩的笔名之一。

变，成为第二个里程碑；至 19 世纪初多萝西·华兹华斯的自然风景散文风格又一变，开浪漫主义散文的先河；随后至 19 世纪中叶，兰姆的幽默抒情小品，赫兹利特的杂文，德·昆西的抒情散文分别自成一家；此后大师迭出，加莱尔·安诺德、罗斯金等向社会与文化批评方面发展，最后史蒂文森以游记为高峰，结束散文的浪漫主义运动阶段，是为第三个里程碑；至此，散文取得与诗歌、戏剧、小说同等的地位。[①]

谦虚有很多种。大多数人谦虚，往往是因为心里真的虚，不知道自己行不行，此之可谓"虚谦"；还有一种谦虚，是谦虚者知道自己的分量，但他有更高的标准，比如译者倪庆饩。他的文章其实很好，立意高，视野宽广，有自己的见地，而且文字简洁、典雅，表达准确。但他之所以觉得自己做翻译比搞文学创作更有意义，是因为他觉得自己搞创作难以达到一流水平；而他之所以认为自己难以达到一流，只因为他心中的一流，是赫胥黎，是康拉德，是小泉八云、赫德逊、华兹华斯、爱默生和高尔斯华绥。

写到这里，不由得想起另外一位南开的英语老师。当时考托福已经很热，所以有各种各样的辅导班。我报过一个，是看在辅导老师是南开老师的份儿上。那老师年龄不小，名声也不小，可是竟然不知道 Kant 就是康德。

倪老师说过好几次，说我跟他认识这么多年，却没有跟他翻译什么东西，遗憾。这于我当然是非常遗憾，更是非常惭愧的。但我也并非没有收获。比如，因为倪译柳无忌《中国文学新论》

---

①［英］华兹华斯著，倪庆饩译：《格拉斯米尔日记·译者序》，花城出版社，2011年，第 1 页。

的缘故，我有幸认识了中国人民大学出版社的秦桂英编辑，还认识了她的先生章安琪，他们夫妇也都是南开出身。章先生是研究缪灵珠的专家。也因为倪老师，我认识了柳无忌，甚至采访了柳先生。还因为倪老师，去拜访了朱维之先生。朱先生是当代中国研究希伯来文学的开创者，也是二十世纪八九十年代全国高校最通用的《外国文学史》教材的主编。和百花文艺出版社结缘，也有倪老师的功劳，我通过倪老师认识了百花文艺出版社的谢大光先生和张爱乡等人。还有，我也是在倪老师这里，第一次用真正的英文打字机练习打字。

　　我为倪老师，多少也做了一点儿事情。于我来说，值得骄傲。当年复印《普里斯特利散文选》一书，是我遵倪老师嘱咐，借到北京图书馆（现国家图书馆）查资料写论文的时机，借出来书，花了一个下午进行翻阅、选目，然后复印的。出版方面，东方出版社的《绿厦》《爱默生日记精华》，云南人民出版社的《鸟和人》《诗人漫游记 文坛琐记》《苏格兰旅游回忆》三本书，花城出版社的《格拉斯米尔日记》《水滴的音乐》，还有河南大学出版社的《英国近现代散文选》《少年行》两本书，加上二〇一九年由中国大百科全书出版社出版的三本书，总共十二本书吧，是我帮着联系出版的。二〇一八年五月，我陪着中国大百科全书出版社社长刘国辉和编辑李默耘，到总医院看倪老师，同时签了三本书的出版合同。我拿到译稿原稿，第一件事就是找最近的复印店，先把稿子复制一份。有时为了需要，要多联系一家出版社，就复制两份。给出版社的尽量是复印件，以确保手稿安全。另外，我从一九九五年五月在《博览群书》上发表《从柳无忌开始》算起，写的与倪老师有关的文章，长长短短加起来大概有七八篇。

晓风：

寄来的报纸与贺年片均收到，谢谢。韩素文的报道多为应会宣传而写，但能发在英版也是成功之作。希望能写文化的问题为主题，这可能更依内行，如学者的先生，前君电视，季羡林先生晚年凄凉永庭变故（夫人女儿均去世，永远致凄乱），如能写几篇报道，引起有关方面重视，这也是解决知识分子问题（生存）的一个侧面，另外知识分子的过（住）问题、盗版问题，这都是热门。记者除要有正义感之外，还要会挡工也就是也就要功力。

不久前收到花山出版社编辑张国范的来函，他们要编一套"外国游记丛书"，将文章文全的记加以青睐，故重印，但此事仍须征得花同意，否则也会引起后遗症。张国范似乎寄到西南村，我想可能是你联系的。谢谢大志末找家要钱，把寄给之送已被拿走，他们起你，向你致意。我所译文章文之小说：《巴兰特雷主国的公子》（Master of Ballantrae）是他的名著，压在西花已十年。如有便请你介绍中国青年出版社，该社主南大约转，我不知讯息，他们在外文类经了几部小说转。信写不来，商在一步。有其它机会亦可，但仍须较高家次的出版社。

今年我有两部书发排，Davies. Autobiography of a Super Tramp，与 J. B. Priestley: Selected Prose. 但现今稿费太低，加又通货膨胀，实在不利于我们信望搞学术的文人。

信寄都可能问家，请代向令尊令堂致意问好。
    祝工作（顺利）

                                    倪庆饫
                                    95.1.24

倪庆饫致祝晓风信

44

七

倪老师翻译了几十种名著，收获的是清贫。清贫就是上天给他的回报。倪老师译书，早期拿到的稿酬还可以，那会儿钱还值钱。可后来多少年下来，稿费标准还是千字二十元。就这二十元，译者还未必能及时收到。倪老师夫妇都是穷教师，他们也不出去讲课，平常的生活确实比较拮据。但即便如此，一九九八年安徽闹洪灾时，倪老师居然把他最好的一套呢子衣服捐了。

倪老师因为过于专注于自己的翻译，对两个女儿的学业相对管得比较少。对此，他也曾在我面前表示过后悔。可是，做什么事情不需要时间啊！管孩子需要时间，上课备课需要时间，翻译需要时间，看电影、逛街也需要时间。倪老师不过是把大多数的时间，都用在了翻译上。

倪老师同样不是好名的人。以他在翻译领域的成就，他应该远远不止现在的知名度。其中一个原因，就是他有旧文人的习气，喜欢用笔名。他常用的笔名，一是"孟修"，二是"林荇"，据说都是从古书中的典故来的。这样，本来就寡淡的名气，再被"孟修"和"林荇"两个人一分，就更小了。

大约是《绿厦》出版的那年，我回天津看倪老师，中午请他出来吃饭。我叫了三四个同辈的朋友一起作陪。进了吃饭的房间，我替倪老师拿帽子，准备挂到衣帽架上。这时，我发现，有蟑螂从那个呢子帽的里边爬出来，吓了我一跳。更令我瞠目的是，蟑螂不止一只，而是十几、二十几只。我当时头皮一阵发麻，赶紧把帽子丢给服务员，让他们拿到院子里烧掉。回到北京后，我又买了两顶帽子寄给倪老师。

倪老师这些年，遭遇的最大不幸是家人的病故。先是师母杨老师病逝，没过几年，小女儿居然也得病去世。这对他的打击太大了。两次都是倪老师打电话来告诉我的，我当时听着电话，就掉泪了。我真的不敢想象他是如何面对这样的不幸的。

倪老师最近两年，已经得了比较严重的健忘症，也可以说是老年痴呆症（我一直避讳用这个词，总觉得对老人有一种不尊敬的意思）。说不了几分钟话，他就会重复问我，"你现在到底在哪里工作啊？还在光明日报吗？"他房间里的书架上，原来有一排专门摆放他翻译的书，整整齐齐。早几年，他有时还会高兴地指着那排书对我说："你看，这都是我翻译的。"可是我最近一次去看他，发现那一排书已经零落不堪，只剩下六七本，完全没有"队形"，没有"建制"了。倪老师还指着书对我说："你看，这都是我翻译的书。"——我说，您翻译的不止这些，还有好多呢！——他说，还有好多？是吗？

倪老师没有什么嗜好，烟酒一概不沾，也不爱喝茶，棋牌也不摸，他觉得那些都很无聊。他的工作是翻译，爱好也是翻译。休息就是看书，看林语堂、钱锺书的作品。他喜欢穆旦，推崇傅雷、冯至。他的运动就是一步一顿地去图书馆。可是现在老了，图书馆也去不了了。

早在好几年前，我去看他，那时他的头脑还比较清醒。聊天中，自然又说到他不久前在云南人民社出版的三种书，还有在花城出版的《格拉斯米尔日记》，我很为他高兴。可是，他却突然冒出一句："我不想再翻译了。这些都没有什么意义。"

是啊，与生命本身相比，我们所做的这些文字工作，究竟有什么意义呢？生命的意义究竟何在？过去我们总是说，文字会传之长远，是我们生命的一种延续。真的是这样吗？

史蒂文生曾说："生活是畸形的，漫无边际的，乱七八糟的，支离破碎的，锋利的；相形之下，艺术创作则是简洁的，有范围的，本身是完备的，合乎理性的，流畅的和经过修整的。"倪老师的九十年人生和七十年翻译生涯，可以说从生活与文学两个方面，都为史蒂文生的话做了注脚。只是这些注脚是如此丰富广阔，注入了他的一生，关联到那么多的伟大作家，多少还是值得我们记住的吧。当然从另一方面看，史蒂文生的话也能让我部分地理解，译者为什么会被那个遥远的文学世界那么强烈地吸引着。

二〇一九年八月改定

（原载《随笔》2017 年第 5 期）

刘泽华：用人生叩问历史

我最早认识刘泽华教授是在一九八七年，那时我还在南开大学读书。那一天刘先生在主楼举办一个讲演，题目我已经忘了，只记得当时听讲的人很多，听完之后许多同学都向刘先生请教，提问题。我当时也问了刘先生一个问题。我问，您讲到孔子的"礼"的问题，我觉得"礼"的核心就是等级制度，不知您怎么看？刘先生当时没有来得及详谈，但他的鼓励我一直记在心里。

一晃几年过去，今年再见到刘先生的时候，他看上去的确有点儿老了。这是一个阳光灿烂的周末，刘泽华教授在南开大学北村的寓所接待了我和学兄胡学常。刘先生布衣布履，神色沉静，言语简单平和，没有客套话。

"儒学只是未来的起点，不是未来的主题。"刘先生说话声音不大，但观点鲜明。

他说："中国传统的儒学与世界的近代化很少关系，当中国被拖进近代化后，儒学处在极为被动的窘境。一些人想使儒学与近代文化接轨，这种努力是可贵的。但通过所谓的创造性转化，儒学能否成为近代文化的主导成分，我个人持怀疑态度，这是因为：第一，传统儒学中可供转化的并不大丰富，因为它的主旨是'三纲五常'；第二，已有的文化创造性太多，很难再用儒学包容。"

近年来，刘泽华教授致力于中国传统政治思想史的研究，逐渐形成了自己的系统观点。他认为，传统儒家思想的主旨就是帝王学，即教王做圣王，教臣民做忠臣孝子，而这种"王权"思想是中国政治思想的核心。"'三纲五常'乃其实也。只要是以儒家自居者，不论其间有多少分歧，也不论某些人讲了多少豪言壮语，归根结蒂，在维护'纲常'这一点上，几无差别。我不是责怪前贤先圣，而是说时代使然。从另一方面讲，儒学是帝王时代的学问。"刘先生还认为，中国在实现思想、文化、观念现代化中，首先遇到儒学这个巨大的历史事实，可资利用、可以转化者固当利用之、转化之。但且不说传统儒学的顽固性，就是为了利用它、转化它，都必须从儒家教条主义中走出来。儒家教条主义有诸多表现，最主要的是经学至上主义，崇圣、尊经，用经学规范、改造、束缚社会，凌驾于社会之上。"儒家教条主义塑造了士人阴阳相兼、主奴综合的性格，反过来，他们又酿造出了这类思想文化。这种影响太深重了，不从儒家教条主义中走出来，很难在更高的层次上吸收儒学中的营养。"

一九五八年，刘泽华先生正在南开大学历史系读书，当时曾掀起一场以学生为主力对教师进行全面批判的运动。刘先生因所知事不多，"观战多于参战"。那场运动给他留下印象最深的是对著名历史学家郑天挺教授"两万张卡片论"的批判。郑天挺教授曾再三倡导，从事史学研究要重视资料积累，没有两万张卡片不宜写书、做文章。他因此被戴上"唯史料论"的帽子，而"唯史料论"是"反马克思主义"的。

"我这个人在当时是很革命的，说来也怪，对做卡片却十分热衷。上大学之前我曾工作过一段时间，那时我就爱抄。一九五七年入学，王玉哲教授给我们讲上古史，王先生讲商代的甲骨文津津有味，招人入迷，讲的中间也不时讲做卡片、积累资料之重要。于是我借了几本有关甲骨文的书，特别是陈梦家先生的《殷墟卜辞综述》。这些书一下子把我带到了一个新天地。买不起书，便抄个不止。起初我是自发地抄，没有明确的目标，然而对郑先生的批判，使我顿开茅塞。原来写书必须积累那么多的卡片！在这一点上，大批判对我成了大引导。从那以后，每读书必抄。加上我生性驽钝，也逼得我不得不抄。后来抄书就成习惯，至今不辍。到现在，我总共抄了多少张卡片，未做过统计，但远远超过了郑先生号召的数目，这也算是对郑先生的一点儿告慰吧。"

一九七〇年大学开始招生复课，提出工农兵要上大学、改造大学，没有书本不成。刘泽华先生"奉命"主持编写《中国古代史》。一年后，大家写出了《中国古代史稿》。在此期间刘先生也参加了"批林批孔",写了《论秦始皇的评价问题》一文。很快,一场"评法批儒"运动到来。《中国古代史稿》和《论秦始皇的评价问题》中有肯定孔子的论述,有批评秦始皇残暴之语,因此刘泽华被当成错误的典型。"由于我的错误,数千册《南开大学学报》从印刷厂转到造纸厂。不过我仍留了几份,以资反省。"刘先生不无幽默地说起这段往事。

因为"犯了错误",刘先生在检讨之后被下放到干校劳动,但是很快他又接到返校通知。原来是让他去北京参加"法家著作注释工作会议",会期从七月五日到八月八日。八月七日中央首长的接见是会议的高潮。"我同'文革旗手'江青还握了手,说实话,我并不激动。但她的长篇讲话我还是一字不漏地传达了。"关于这次会议,《"四人帮"尊法丑剧的幕前幕后》一文(见《历史研究》1978年第5期)做了详细的披露。

"就实而论,我并不反对评法批儒。我只不过是对会议上一些名家大谈以儒法斗争重新改写历史、儒法斗争贯穿古今之论持不同观点而已。我强调阶级斗争是历史的主线,汉代盐铁会议之后就没有明显的儒法斗争,更何况近代、当代。有一次我在大会上发言,迟群听得不耐烦,打断我的话,让我少讲点儿。我当时也不知从哪儿来的'斗胆',回敬了一句:应该让我讲完!而且我确实也讲完了事先准备的发言稿。幸亏有关我的材料没有反馈到学校,所以也没有什么麻烦。这次紧跟,又没有跟上。正好,这年已近不惑之年,确实也有了一丝不惑之悟。跟不上,算了,不跟了。我借口修改教材,同热火朝天的评法批儒保持了一定距离。后来又批《水浒传》,我闻风便逃之夭夭了。"

刘先生真切幽默的叙述,充满无奈的感慨,把我们又带回到那个荒诞的年代。如何反思那个离我们并不遥远的年代,是每个严肃的中国当代知识分子无法回避的。谈到近年出版的两部大型的论述四十年来史学状况的著述,刘先生说:令人感到不足的是,它们都忽视了对教条主义的影响与从教条主义走出来的艰难历程的回顾，这不能不说是重大的疏漏。与此相关，几乎把"文革"时期中的史学从四十年当中排除出去，好像史学界没有参与"文革"，或"文革"中没有史学一样。"严肃的、负责的史学家们不应回避这段历史。有人说，那不是史学。我则曰：'此言差矣！那正是该时期的史学，而且是非常有特色的史学，是一代史学！'如果假我以时日，我拟写一本《'文革'史学》，而且要把那些隐姓埋名的作者都考证出来。'文革'史学是中国史学一笔巨大的遗产，不能弃而不顾。简单地抛弃，不仅是不负责任的，甚至是罪孽。我们这把年岁的人来日无多，做这件事应责无旁贷。如果史学家们连自己的历史都不敢正视，何言其他！"

已届花甲的刘泽华教授是石家庄人，当过中学老师，一九五七年入读南开大学历史系。已是博士生导师的刘泽华仍然谦虚好学，他经常和他的学生平等地探讨问题，鼓励年轻人多多学习新知识、掌握新理论。这几年，历史系以刘泽华为中心已形成了一个由老、中、青不同年龄层学者构成的研究群体，并已形成了自己的研究特色。

我问起这样一个学术群体可不可以称作"学派"时，刘先生持非常谨慎的态度，不过他说："一般来说，只有出现了学派，才能把认识推向深入。我个人比较强调'学理感'，这和泛泛地讲'使命感''责任感'不同。学理是建立在一定的价值判断基础上的学术理论的体系，它不应该受外界的干扰。学派的形成也应该强调学理性。如果你要改变学理，首先是对自己的批判。学理的改变要自己做出交代。当年我们那么多人搞'大批判'，过后有多少人真正从学理上进行过反思呢？"

刘泽华近年著述颇丰，其中《先秦政治思想史》、《中国传统政治思想反思》、《士人与社会》（先秦卷和秦汉魏晋南北朝卷）和《中国传统政治思维》等都在学界引起了关注，三卷本、一百五十万字的《中国政治思想史》近期已经脱稿，不久将由浙江人民出版社出版。

　　刘泽华那一代人是在一个强大的意识形态模式中生活的一代。他们由迷信而困惑，由困惑而思索，由思索而开始艰难的探寻。刘泽华正是其中怀疑精神较强、比较坚持独立的学术思想的一个。刘先生说："在时下的大变动中，我仍信奉马克思主义的方法论，仍信奉唯物史观，但信奉的方式与过去有所不同。"也许正是这个，使他在史学园地中获得了丰硕成果。这些成果是他用毕生的心血取得的，是他用人生叩问历史的洪音厚响。

　　　　　　　　一九九六年五月于北京海阔亭

　　　　　　　　（原载《人物》1996 年第 6 期）

薛宝琨：相声在学者中
最大的知音

一

　　薛宝琨先生为我们这一级学生开民间文学课，是在一九八九年下半年，距今有三十个年头了。也是在课堂上，我第一次见到传说中的这位老师。

　　说传说，一点儿没有夸张。刚入学时，就有高年级的同学跟我们讲中文系一些比较有特点的老师的故事，薛宝琨是其中之一。一是因为他名气大，二是因为他有特点。流传的薛先生的故事之一，是说他在课堂上讲课时，提到中文系时，总是说"贵系"。第一次听的时候，还以为说的是旧时代的"桂系"军阀。既说"贵系"，显然，薛先生当时就不是中文系的了；同时，谁都听得出来，他既说"贵系"，也显然有一种别样的味道在里边。不过，薛先生和中文系自有渊源，他以前曾在中文系工作过多年，而且讲的又是民间文学，与文学关系密切，所以中文系请他还在"鄙系"开课。彼时，薛先生在范曾主持的东方艺术系任教。

　　薛先生讲课，虽带着讲稿来，但讲时并不怎么看。在黑板上写下这堂课的主题，就开讲。往往一节课讲下来，黑板上就一个词、几个字。他梳着大背头，眼角很长，嘴角也很长。在我的印象中，他许多时候是站在讲台的左侧，重心落在右脚上，左腿伸向左前方，比稍息的步幅还要大一点儿；背着双手，头向左上方扬着，并不怎么看教室里听课的我们，而是眼睛望着左上方，好像天花板上还有人在听他的课。

　　——果然，第一次上课，就亲耳听到他说"贵系"如何如何。

　　有些老师讲起课来或者读作品时，往往情绪饱满，或者说情绪激动，有时还会随着作品中的人物或喜或悲；还有不少老师在评论作家时，也比较情绪化，喜欢的，热情赞扬，讨厌的，怒声贬斥，都在褒贬时明显地带出来。薛先生不是这样的。他说话不快不慢，情绪也很稳定，没有什么过喜过悲的表达，总是保持着一种客观的、审视的态度；他讲课没有口头语，没有多余的零碎的话。总之，从语言表达到台风身段，都很有风度。

在二十世纪八十年代，能出书的学者还很少，而薛先生那时已经出了不止一本书。一九七九年，薛宝琨参编钟敬文先生主编的《民间文学概论》，承担了其中重要章节。此后，薛先生又出版了《曲艺概论》（合著）、《相声艺术论集》（合著）。为了学这门课，我从图书馆借过《民间文学概论》和《曲艺概论》。也是在这二十世纪七十、八十年代之交，薛宝琨和汪景寿、李万鹏几位大学老师在北京"邂逅"，在侯宝林的发起下，组成相声史论研究小组，按薛宝琨的说法，由侯宝林"直接参与指导"。他们的成果之一，就是一九八一年出版了《相声艺术论集》，一九八二年出版了《相声溯源》。

《相声溯源》这本书对于相声学习有多么重要，怎么说都不过分。侯宝林认为："相声这种民族民间艺术，集结、吸纳、整合、参悟了所有的中国文化。""民间笑话和喜剧艺术的讽刺精神、优伶艺人卓立舞台见机而作即兴发挥的滑稽意识，文人学士在语言文字游戏方面的幽默智巧，都显现了中国文化'温柔敦厚'的'诗教'精神，都蕴涵着中庸中和中正的思辨哲学。"所以，研究相声，意义重大。相声这门为广大人民热爱的艺术，她究竟是怎样发生、发展的，这不仅关系对她本身的认识，也关系对其艺术规律的认知。今天的相声艺术不是从半空中掉下来的，它有着久远的源头。只有了解相声艺术的历史渊源，才能正确认识它的发展过程和形式特点，也才能由此探讨更普遍的艺术规律，推动这门艺术的繁荣发展。相声的可溯之源虽然很长，但可证之史却很短。此前，虽然有罗常培、吴晓铃、杨荫深、林庚等学者对此做过探讨，但大都是散论和单篇文章，没有从总体上对这一重要课题做出较全面的研究。侯宝林先生从一九四九年开始，就有为相声治史立论的理念。仅由此一点，就可看出，侯宝林对于相声的贡献是整体性的，是学术性的，也是历史性的，远超出一般演员的贡献。而《相声溯源》的出版，正是侯宝林这一理念的初步实现，也是相声真正有史、相声研究进入真正的学术研究的一个标志。

《相声溯源》虽是薛先生与侯宝林、汪景寿、李万鹏等合作的著作，但薛先生肯定在其中承担了更多的工作，这从多年后，中华书局版《相声溯源（增订本）》（2011 年）的再版前言能感觉到。侯先生名望高，但写作并非他长项，而且他社会工作繁多，不大可能在具体的研究工作和写作中投入很多；汪、李二位，如果是承担了较多的写作工作，在前言中，薛先生会提到的；书的署名，顺序也是侯、薛、汪、李。这更可说明，此书的最主要的写作，是由薛先生承担的。

一九八四年，薛宝琨先生出版了《骆玉笙和她的京韵大鼓》一书。前一年，他还与侯宝林合作写出了《侯宝林与他的相声艺术》。一九八四年百花文艺出版社出版了他《笑的艺术》，此书涵盖面很广，几乎对所有的俗文化体裁都有较深入的论述，建立起薛先生自己的理论体系。也是在八十年代，由中宣部策划、人民出版社组稿，出版了一套"祖国丛书"，其中，由薛宝琨撰写《中国的相声》一书。《笑的艺术》《中国的相声》分别获一九八六年、一九八七年天津鲁迅文艺评论奖，《侯宝林和他的相声艺术》获一九八三年天津哲学社会科学专著三等奖，《中国的相声》还得过全国曲艺理论科研成果优秀奖。在薛先生给我们上课的这一年，即一九八九年，浙江人民出版社出版了他的《中国幽默艺术论》。

总之，这些著作，使薛先生在二十世纪八十年代就当之无愧地成了名学者。这样一来，他在课堂上的一些言语和做派，也容易使人产生些许误解。

"民间文学"这门课在中文系开了好几年了，一直是选修课，两个学分，也就是一周上一次，连着上两节。一九八九年那个学期好像比较短。我印象中，这门课他只讲了十来次就到期末了，中间他好像出差了一次。曾听高年级的同学说，薛先生曾在这门课上请过侯宝林来讲，也请过天津的一些相声名家。可惜，轮到我们上的时候，这些眼福耳福都没落着。

因为薛先生和侯先生有着二三十年的交情，相知很深，有时自然也会讲一些他们之间的逸事。还记得他说过和侯宝林一同劳动时，两人经常一起解手，有时对着石头，侯宝林就说，你看，这叫"水落石出"。还有一次，在地里干活儿时，下起大雨，他和侯宝林一起跑到村里躲雨。他们敲一家农户的门，敲了半天，门才打开，一个老汉慌慌张张一边系裤子一边说：对不住对不住，下雨天实在没事儿干。

薛老师这门课的结课考试，是让同学们写一篇短论文。我自己写的什么题目，现在也忘记了，就记得最后薛老师给我的成绩是七十七分。

二

我到北京工作后，又因为工作关系，采访过薛老师。

一九九五年一月四日开始，光明日报新创了两个周刊——《文化周刊》和《家庭周刊》。这是那几年报纸杂志化浪潮中两朵中央级的"浪花"。《文化周刊》是每周三出版，主编是沈卫星。编《文化周刊》第一版的，是杭天勇，兰州大学刚毕业，著名歌星杭天琪的堂弟，当时光明日报围棋第一高手，业余四段。他那会儿锐气正盛，天天憋着要整些大稿子，要轰动轰动。这第一版是综合报道，头条要大选题，报道的分量也要相对厚重，一周一篇，压力不小。那一年，正好是第四十三届世界乒乓球锦标赛在天津举办，他就找我，想围绕天津做些文章。天津在近代史上，经济、文化都很发达，但近些年，相比北京、上海，发展要慢许多，不妨围绕个中历史文化原因，做个报道。为了这个报道，我当然要采访一些天津的学者、作家，要请他们发言才比较合适，也能说到点儿上。在此过程中，就想到了薛先生。因为薛先生研究俗文学，而天津在这方面有的说。

《打破天津文化弱势》发表在《光明日报》（1995 年 6 月 14 日第 9 版）。"弱势"这个词，以前几乎没有在中央级大报上出现过，这一下用出来，比较醒目。报道大概四千字，但历史、文化内容比较多，采访的人也比较有代表性，比如王辉、薛宝琨、冯骥才、滕云，还有朱光磊、张国刚等等。报道总体上不是一个常见的宣传的调子，而是比较纵深的报道，并且带有反思性，提出了问题。其中，借学者之口对天津文化发展相对落后的问题提出一定批评。批评最尖锐的，当数薛宝琨。我记得很清楚，当时薛先生讲完，我出于职业习惯，特地问他："您说的这些话比较尖锐，我就这样原话报道，没问题吧？写成稿后，您要不要过目，再看一下？"薛先生说："没问题，就这样登，你不用给我再看了。"

作为中央大报，冷不丁登出这么一大版带有批评性的报道，当然给天津市的震动不小。据天津的朋友讲，市里有关部门曾托人打听这篇报道的"背景"，天津高层专门还就这篇报道开了会。

三

薛宝琨一九六一年从北大中文系毕业就到了中央广播事业局文艺部当编辑，后来又到广播说唱团任创作员。在广播说唱团，他写歌词、相声、鼓词。也就是在那里，他结识不少曲艺圈的人，和侯宝林等人建立了友谊。一九六六年"文化大革命"爆发，广播事业局被砸烂，薛宝琨在劫难逃，被下放到北大荒接受改造。后来，又迁到河南淮阳。在此期间他挨过批斗。据说，那几年他心灰意冷，就想在河南安家落户，种地为生。

一九七一年"九一三事件"发生的时候，薛宝琨和侯宝林坐在田间干活，那时侯宝林是"反动权威"，薛宝琨是"黑五类"，都下放到京郊农村劳动，正经历着"人生最晦暗的时候"。在一九六六年以前，薛宝琨跟侯宝林的相处是彼此礼貌客气、互相尊重。一九六六年以后，两人一块儿倒了霉，一块儿下干校，就成了患难之交，无话不谈。当时并没有人向他们传达"林彪事件"，但是薛宝琨跟侯宝林说："你可能要回去了，你回去得肯定比我早。"侯宝林不信。薛宝琨说："您记住今天这个日子，看我说的灵验不灵验。"果然，不到一星期，侯宝林就被宣布允许回家探亲，回去以后就没有再返回乡间劳动。一年以后，薛宝琨也回到了北京，回到广播说唱团。一九七三年国家政策有了调整，社会氛围也有变化。不过，薛先生已经不想继续在电台工作，于是，他回到天津，进入南开大学中文系。

薛宝琨对侯宝林的研究，是在几十年的时间中逐步深化的。薛宝琨是这样定义侯宝林这个"大师"的，他说："侯宝林是承前启后、继往开来的相声大师，是举国闻名、世界瞩目的杰出艺术家。他继承并发扬了相声的现实主义传统，改变并提高了相声的艺术格调。在相声由旧到新的转变过程中，他起到了筚路蓝缕、披荆斩棘的作用。"但薛宝琨并不是像一些学者一旦研究某个作家，就无限夸大这个作家的成就。薛宝琨在充分肯定侯宝林的历史贡献之后，接着说，"侯宝林是这样一位大师：他不是作家，几乎没写过多少作品，但许多作品经他之手却立见新意、顿时生辉；他也不是语言学家，几乎在这方面并无专著，但是，语言一上他的口却变幻无穷、风趣盎然；他更不是评论家，几乎从不对艺术现象品头论足，但他却以他自己的行动回答了相声应该怎样和实际上是怎么一回事。他是相声传统的体现者，也是相声革新的勇士——历史的使命和现实的重任在他身上得到了和谐的统一。他热爱这种'俗'的形式，却又赋予它'雅'的生命——他是相声俗中见雅、化俗为雅的带头人"。①这些论述，能让我们清楚地看到，什么是学术的严肃和学者的分寸。

《中国的相声》是薛先生独著的一部相声史，用薛宝琨自己的话说，是试图以贯通古今的"史话"方式，将近现代和当代相声发展的历史脉络，以不同层面的重点人物为代表，采取以点带面、史论结合、论由史出的办法，从焦点的括叙和评论中勾勒相声的历史概貌，揭示艺术发展的规律。他不无自负地说，此书"或为新中国成立后第一本相声史论结合之作"②。

薛宝琨虽然研究的是"热闹"的相声和曲艺，但他保持着学者的严谨和良知，有着深沉的历史感，并不媚俗。前些年，马季去世时，媒体上对马季以"大师"称之，流行一时。对此，薛宝琨接受媒体采访时，直言他心目中的相声大师只有四位：张寿臣、刘宝瑞、侯宝林、马三立，而马季算不上大师。

他说："张寿臣建国以前就是大师，传统的单口相声经张寿臣之手，达到经典的程度。单口相声可以进入世界文学艺术之林，它延续或者承继了清代的话本小说这一脉，同时又具有喜剧的元素。张寿臣的单口相声《小神仙》《化蜡扦儿》是民国时代社会众生相的写照。刘宝瑞是张寿臣的徒弟，他写传奇故事，写历史往事，从笔记小说汲取养分，用相声讽刺贪官污吏，他的《珍珠翡翠白玉汤》《官场斗》活画出那个时代的民俗和民风。第三位是侯宝林，他是'雅'的代表。侯宝林也说了很多传统相声，但他的新相声更具时代感。他力挽狂澜，使相声起死回生，从低潮走向复兴，从地摊儿登上大雅之堂。第四位是马三立，他是传统相声的代表。马三立把相声做到大俗的程度，因为他长期在底层生活，对底层民众熟悉。"薛先生的论断，可以说清音独响，让公众有个清醒的认识。薛先生说，我们不必急着确定谁是大师，任何

---

① 薛宝琨：《中国的相声》，人民出版社，1985 年，第 134 页。
② 薛宝琨：《中国的相声（增订本）》前言，百花文艺出版社，2015 年，第 1 页。

大师都是要经过历史和时间的沉淀，"我认定侯宝林是大师，是在他去世十年以后"。

薛宝琨在研究曲艺，特别是相声的时候，注意挖掘历史发展的时代背景，特别关注与分析不同演员和创作者的美学特点，对这些加以概括，并加以理论的总结。他写出的文章论著，都是资料翔实，有理论深度，而且文笔优美畅达。他有深厚的美学理论素养和全面的文史知识体系，评论客观中肯，高人一筹。他直言那些名家各自的优缺点，不徇私谊。谈优点，不溢美；谈缺点，中肯而又"婉而多善"。所以，被评论的、被批评的即使是很有名的明星，也都服他的气。他以"文而不瘟，雅俗共赏"概括苏文茂的相声风格；以"绚丽也平实"评论刘文亨的艺术特点；他评论魏文亮，说他深知"相声味儿"，懂得相声的奥秘不止于语言的"婉而多讽"，还在于它的奇思妙想，认为魏文亮擅长的模拟"因童趣而更加离形得似"。薛先生的相声评论和研究，不仅使研究者受益，也使相声演员受益，使众多相声爱好者受益。大家因他的工作而更加了解相声、热爱相声，观赏者也学会了欣赏相声，提高了欣赏水平。薛先生认为：马三立是津门相声的魂魄，他的表演本真、自然、朴巧，心平气和绝无造作；马三立的风格虽可用一"俗"字代表，但不是伪俗、低俗、庸俗，而是真俗、大俗、美俗，是大俗入雅。薛先生从刘宝瑞"迟急顿挫"的节奏里，看出有书路（评书）的起承转合；从刘宝瑞的"顶刨撞盖"的语势里，看出气氛的浓淡张弛；薛先生甚至从刘宝瑞"铺垫系抖"的包袱里，看到人生和生命的"成住坏空"。

这是怎样的一种欣赏和共鸣啊？可以说，薛宝琨不仅是侯宝林先生的知音，也是所有相声演员的知音。说他是相声在学者中最大的知音，恐怕也不为过。

四

大概十年前，我回天津还见过一次薛先生。我当时想约薛先生写文章，和我的研究生老师张圣康说起来，张老师就帮着联系，又一起和我去了一趟薛先生家。张老师和薛先生都是北京大学中文系出身，薛先生虽然晚两级，但他们关系一直不错。那次见面，聊的时间也不长，大概半个多小时。那时，薛先生的听力已经很不好，一般说话他听不大清楚，所以和他交流也不多，只是他和张老师聊一些闲天。那是我最后一次见到薛老师。

二〇一六年二月二十八日上午，薛宝琨在天津市黄河医院逝世。

薛宝琨是天津人，一九三五年生，与圣康老师同庚，都属猪。一九四八年，薛宝琨报考商业职校，一九五〇年，薛宝琨在知识书店当实习生，站了一年柜台，转年复学，到一九五四年在天津医药公司采购供应站当会计。一九五六年，薛宝琨考入北京大学中文系。"反右"之后，他钻研外语，想搞翻译。我查网上的材料，知道薛宝琨是一九五六年入党，但因替别人打抱不平，被以"庇护右派"和"走白专道路"之名取消了预备期。一九七九年北大为他恢复了党籍。薛先生有天津人的智慧，据说，他曾提出"三小主义"，即，在小城市生活，找个小单位，做个小差使。这也使得他在"文革"中遭到批判。

有人统计过，薛宝琨出版过十几本书，除了前面所举，还有《中国人的软幽默》《怎样欣赏戏曲艺术》《中国说唱艺术史论》《薛宝琨说唱艺术论集》等。《中国幽默艺术论》获一九九三年华北五省市文艺理论专著一等奖。《中国人的软幽默》在华北五省市文艺论著中也获一等奖，此书曾在台湾出版并一版再版。一九九二年，由中国炎黄文化研究会主编的"中国文化通志"丛书，其中《艺文典·典艺志》，就是请薛宝琨撰写。薛先生还应中国曲协"《当代中国》丛书"之邀，撰写《当代中国曲艺》相声部分。二〇一六年，百花文艺出版社还出版了薛先生主编的《相声大词典》。

薛先生有老派文人的道德操守。从公德说，他作为学者，正直、讲真话。比如，那次他对天津人文化性格的直言；比如，几十年来，他写了那么多的文章，在书中对他所熟悉的众多曲艺界人士，包括许多相声名家的评论，他都实事求是，立足作品，立足创作实绩，把他们放在一个历史的维度中，给予一个恰当的评价。他曾公开说："我一个学者不能说违心的话，虽然违心之说能得到好处，但是那样就不是薛宝琨了。"从私德说，也有一件事，让大家钦佩。因为薛先生的夫人长年卧病在床，所以薛先生开会时从不在会议上用餐，而是赶回家亲自照料妻子的饮食起居，二十多年如一日。反观时风，还有近年不断爆出的高校教师的各式"新闻"，怎不让人感慨。

受薛先生感染，南开有不少学生，后来都从事与曲艺有关的工作。其中专门做这方面研究的，是薛先生的得意门生鲍震培。二〇〇五年五月，全国第十五届书市在天津举办，《中华读书报》做了一个专刊。我专门请鲍震培给我们写了一篇《说唱艺术天津魂》，为报纸增辉不少。鲍震培最近在《光明日报》发表了一篇文章《相声病了，得治》（2018 年 8 月 18 日），很犀利，很中肯，影响很大。这篇文章的风骨和专业水平，让我又想到薛先生。

我与薛先生交往很有限，所知也很有限。但他毕竟教过我，是我的老师，写一篇文章，简要地记述他的事迹，表达怀念，也是应该的。

薛先生曾说，"记得俄国诗人普希金说过：'一切都是瞬息，一切都将过去；而那过去了的，必将是美好的回忆。'——是的，我们这一代确实浪费过许多光阴，但生命和人性却并未曾有过一丝毁灭。我们曾经不幸过，但我们今天却是万幸的。我们经历的或许有过太多的痛苦，但我们回味它时却在不断荡起的淡淡哀愁中发现了无可重复和永存无限的快乐。"——这段话现在读来，仍不免让人怅然。

二〇一八年七月初稿
八月二十五日改定

（原载《北京青年报》2018 年 11 月 4 日）

附记：此文发表后，收到邵燕祥的来信，对文中的细节做了更正，现附上邵燕祥致祝晓风信。

祝晓风先生：

您好！昨读关于薛宝琨先生的回忆，完全同意您对我这位老友的学术贡献和治学与为人风格的评价。其间在细微事实上略有出入，谨就我所知提供参考。

"文革"中，广播事业局并未砸烂，但广播文工团包括说唱团则于 1969—1970 年尾年头全建制下放河南淮阳干校，侯宝林亦于是时到了淮阳，而薛宝琨已先此从东北嫩江干校随迁河南。他们被编入一个班里。大作中说的二人成为患难之交，在田边密语，重点即在此时此地，而不是"京郊农村"的地头。

初时，广播局据"文革"初期毛（泽东）"五七指示"精神，结合重新洗牌的总体设想，是准备将干校学员中大部分抛弃在干校（并想在当地办工厂，后发现水源不行，作罢），不再收回的，故反复大力进行"安家落户"教育。干校人心浮动，非专政对象的普通知识分子和专业人员，纷纷计议自谋出路。彼时河南（可能还有湖北）个别地县文化部门，闻讯后有意将说唱团多数演员接受下来,据说侯宝林也动了心。后来侯忽被周恩来提名调回,大家看到希望,此事遂寝。侯调回北京,是"九一三"之前抑之后,我记不太清了,请向说唱团一问便知。因我想,调回侯的缘起,是为中南海恢复周末晚会,而据说是毛(泽东)问起侯的下落,周(恩来)才下调令。然则,似在"九一三"前较合逻辑,盖林彪事发后,毛(泽东)已大受刺激,明显衰老,或已无参加周末晚会的兴致矣。不过这是我今天的推论,不足为证。

　　总之,侯先回京,薛宝琨则与说唱团等,于"九一三"周年后的一九七二年秋被调返京。薛离干校前,曾征求我意见,谓他有两个选择,即回说唱团或去南开大学执教,我说当然是去南开,看来他也是这个想法,从我这里印证并加强了这一认定的合理性。因此他回京后,就办了赴津的手续,随后离开了文工团,开始教学生涯。

　　因我当时在同属于广播文工团的广播电视剧团,一起在干校同一连队,故有所知。以上云云,供您有在大作如有连载或结集时参酌。专此,祝

秋安!

邵燕祥,十一月五日

田本相：话剧研究的集大成者

一

　　两年前，田本相先生的《砚田笔耕记——田本相回忆录》由
东方出版中心出版，田先生签名赐我一本。今年夏天，田先生又
将他近年所写文章汇成一编，书名为《砚田无晚岁——田本相戏
剧论集》，让我有机会先看，并命我写篇文章。其实，即使田先生
不说，我也很早就想写一篇文章，来专门谈谈我读田先生著作的
感想。说老实话，得田先生此令，我作为一个晚辈后学，既惶恐
又高兴，既高兴又惭愧。惶恐的是，田先生的著作很多，而我读
的很少，对话剧史、话剧理论，更是外行——这文章可不好写。
而且，田先生名之为"序"，让我愧不敢当。高兴的是，一来田先
生又有新书要出，这当然就是值得高兴的事；二来通过写这篇读
后感，对我也是一个难得的学习机会，如果可借此机会补补课，
那不也是很好吗。可是，真的拿起笔来，我才感到自己真的是学
力太浅，笔力不逮，对田先生，对话剧，了解得都太肤浅。——
真是惭愧！其实，在话剧研究界，在现代文学研究界，田先生多
年的成就与贡献在那儿摆着，不需要我来饶舌，我也没有资格来
讲。前几年，宁宗一先生把他多年写的怀念南开老师的文章结集
为《点燃心灵之灯》，让田本相先生写点儿感想，田先生说，这"实
际上是在给我进行一次感恩的教育"。田先生与宁先生只差一岁，
尚且如此说。那么现在，我更是只能说，田先生这次给我的机会，
不仅是对我进行一次学术与人生的教育，同时也是学术史和革命
史的教育。于是，我就只能从一个晚辈后学的角度，说一些不成
熟的感想和看法。所以，我下面说的，未必确当，请田先生和大
家批评。

　　田先生最近的这两本书，都有"砚田"之名，可见作者对此
偏爱。田先生说他自己就像一个老农夫一样，每天在砚田中耕作。

所以，以"砚田先生"指代田先生，也无不可。

很长一段时间，我自认为对田先生是比较了解的，这也不是完全没有理由。一是我们相识已有二十多年；二是我们都是南开中文系出来的，田先生虽是老师辈儿，按年级论，差了三十年，但我毕竟在这个环境中长大，和老师们比较熟，田先生的一些老同学都是我的老师，所以感觉就是很熟；三是，我因为工作关系，做学术文化方面的编辑采访，虽不算长，也有二十多年了，与田先生前前后后也打过一些交道，他在工作上生活上对我都有帮助，当然我对他也就有一些了解。

不过，这了解毕竟还是很浅。这个认识，是我在重新读了田先生的几本书，特别是《砚田笔耕记》之后的深刻感受，也是最大的感受。如果我没有先读田先生这本回忆录，我也断然不敢下笔，托大写这篇文章。

毫不夸张地说，田本相先生这个人，本身就是一部大书。

二

这部"大书"内容太丰富，无法在短短两三千字的篇幅中尽述。只能说其中的几个大的关节和重点。这几个大关节，对传主本人来说，则是人生几次大的转折和升华。

一是从军，上前线。一九四九年三月二十三日，田本相参加了中国人民解放军第四野战军南下工作团二分团——这个四野南下工作团中，当年还有汪曾祺。那一年，田本相十七岁，还是一个富有激情和梦想的青年。他就怀揣着这激情和梦想，先是随大军南下到武汉，后入张家口军委工程学校，再奉调入中央机要处。一九五〇年朝鲜战争爆发不久，田本相被派往前线，到十九兵团任机要组长。他亲身经历了这一场大战争，经受了炮火洗礼、生死考验。几年的军旅生活，他的收获不仅仅是三等功和朝鲜政府颁发的军功章，他的收获是成长与成熟，是正直与坚强，还有一个"勇"字。

学者文人中，先从军后从文的，比较有名的有黄仁宇。而田先生的南开同学中，我知道至少也有两位有从军的经历，雷声宏先生和陈慧先生，这两位后来也做出了大学问。可见，从军对青年、对做学问，确实有不同寻常的影响。

二是上南开大学。南开八年，几乎规定了他今后的职业方向，塑造了他的学术品格，也为他日后不凡的学术成就打下了坚实的基础，甚至很大程度上影响了田本相此后的人生轨迹。他的学术风格，就此打上了鲜明的南开印记。他后来在总结人生经历时说，在南开大学的学术环境里，他的学术趋向和志趣，都形成一种"癖好、习气和毛病"。

田本相的南开经历，与他的同学略有不同。在二十世纪五六十年代，政治运动一个接着一个。我父母也是与田先生同一年上的大学，而且同在天津。那个年代的大学，没有几天正经上课读书的，一天到晚，不是政治学习，就是劳动锻炼，全国都一样。据田先生说，当年上了五年大学，有三年半是搞运动。不过，在南开这样的老学校里，好歹还能有几位老先生，真学者。当时的老先生有华粹深、许政扬、马汉麟，还有李何林，学生多少还是会受到一些熏陶。虽然这些老先生多数时候也往往沦为被批判的对象，但是南开毕竟是南开，学术的氛围还是有的。中文系当时在李何林先生主持下，学术活动也较多。据田本相回忆，李先生就请过方纪、何迟，请过蔡仪、杨晦等人来南开做讲座。据家严回忆，他们也曾在南开听过吕叔湘先生的学术报告。也就是说，在南开，读书的氛围、学术的空气，还是有的。加上田先生本人爱读书，于是就在这样的环境中，度过了五年读书时光。

更重要的是，本科五年之后，他又接着跟李何林读研究生三年。多读的这三年，就决定了田本相与他大多数同学在学术上的差别，那就是系统的、正规的学术训练，包括系统地读专业书。就差这么三年，结果就完全不一样。我认识父辈和晚一两辈的很多人，在高校里待了二三十年，却仍然不知论文为何物，以为搞科研就是复述教材，或者就是跟着一些时政话题发表一点看法。虽然当时各种运动仍然连绵不断，但在研究生教学这个小范围内，受政治运动的干扰相对较小，保证了读书还是主业。田本相在写论文过程中，得到了清晰严格的训练，在研究和写作能力上，有了质的飞跃。

三是到北京。田本相先后在几家高校和科研单位任职。先是在北京广播学院（现中国传媒大学）二十年，后到中央戏剧学院，再到中国艺术研究院。在几个不同的学术科研机构工作和研究的经历，又使他获得了更广、更深的知识储备。在广院，他一边教学，一边研究新兴的电视文化学，对这种区别于纯粹文字的艺术形式有了深刻理解。在中戏，他更是直接地接触和研究戏剧表演、舞蹈、美术等舞台艺术中的各个方面，并且完成了《曹禺戏剧论》。这些都为他以后以更综合的眼光来研究话剧准备了条件。

回过头来看，田本相经历的这些炮火洗礼、学术训练，好像都是为了一个大事因缘。他自称，在北京广播学院和中央戏剧学院做了二十余年的"边缘人"，但正是这些"边缘"时光，给了一个学者充分的沉潜的时间。他终于走到学术与人生的一个新阶段。一九八七年十月七日，田本相先生到中国艺术研究院报到，接替葛一虹任话剧研究所所长。这一天，不仅对他个人是重要的，对于中国话剧史研究，对于中国话剧研究，也是值得记入历史的日子。

三

一个学科，一门学问，最重要的是基础性研究。田本相先生对中国话剧研究的贡献，对整个中国话剧的贡献，不在于他当了个话剧所所长，而在于他清楚地认识到基础性研究的重要。他在所长的位置上，把话剧史这个基础性研究确定为研究所重点，全面地彻底地推进。这就是田本相在学术组织方面的战略眼光。当然，这也体现了他的"勇"。

早在二十世纪八十年代初，田本相就明确意识到，中国话剧史是一个未开垦的领域，甚至可以说是一个生荒地。当年，陈白尘、董健主编的《中国现代戏剧史稿》，葛一虹主编的《中国话剧通史》，都还在酝酿、写作之中，尚未问世。一九八四年，田本相到中央戏剧学院教书时，发现堂堂中戏，竟然没有中国话剧史的课程；而一些戏剧评论家、戏剧理论家，对中国话剧史也缺乏足够知识，以至于一些所谓"大腕"声言，中国话剧的历史没有留下什么东西。正是在这个背景下，一九八五年，田本相就提出了关于撰写《中国现代比较戏剧史》的构想。进入九十年代，陈白尘、董健的《中国现代戏剧史稿》，葛一虹的《中国话剧通史》，还有田本相的《中国现代比较戏剧史》相继问世。这三部史著，由于准备时间都较长，也注重充分吸收最新的研究成果，所以可代表新时期以来中国话剧史研究的水准，也标志着中国话剧史学科的建立。可以说，田本相与比他长一辈的陈、葛诸先生一样，都是中国话剧史学科的奠基者与开拓者。而田本相因为有着专门研究曹禺的根基，他的成果就更富有个人色彩。

曹禺是中国现代话剧的一个集大成者。研究中国话剧史，必研究曹禺。就如同研究中国现代文学史，必要研究鲁迅一样。即使不是专门研究鲁迅，也要对鲁迅做基础性的研究。而在研究曹禺这一点上，这一制高点上，田本相是下了别人没有下过的功夫，取得了别人没有取得的成就。他的成果，为学界所重，嘉惠后人。他的《曹禺剧作论》《曹禺访谈录》《曹禺传》，形成一个系统的、纵深的成果群。《曹禺访谈录》《曹禺传》是田先生在曹禺的直接支持下，采访大量当事人，发掘、保存了大量珍贵的第一手资料写成的。我做过多年记者，也做过不少采访，深知田先生工作量有多大，有多么不容易。但这样的研究才是坚实的，才是真正经得住时间检验的，才能写出曹禺"苦闷的灵魂"，才能超越传主个人的视角，对传主做历史的和学术的审视。这些访谈，这些一手史料，也在《曹禺访谈录》中发表出来，引出整个现代文学界对曹禺研究的一个新的向度。田先生关于曹禺的这些成果，这些第一手史料一问世，就为学界所重视。这些成果是研究现代文学、现代史必读的书，直到现在仍在发挥着作用。

对一般人而言，仅仅发掘出这些史料，写出一部像样的《曹禺传》，就足以使自己的名字镌刻在学术史上了。但田先生的成果远不止于此。总的来说，田先生本人的成果有几个特点：一是丰富，涉及话剧史、话剧理论的各方面，研究了许多关键人物，提出了许多引领学术的问题，而且还包含关于现代文学、电视等的多个领域；二是宏大，尤其是在话剧研究方面，无所不研，研无不精，他在大量深入研究的基础上，较早地具有了世界眼光和现代观念；三是贯通，不但上下贯通，而且把话剧中各个方面贯通，把戏剧批评和戏剧史、戏剧理论三者打通，把戏剧和文学贯通，在这种大贯通之上，田本相建立了自己的话剧史理论体系；四是基础性，他本人的研究，还有他所主持的诸多研究，成为后人进一步研究的坚实基础。

田先生担任话剧所所长之后，为了把中国的话剧成就传播到世界，也有一系列的大动作，其中最为人瞩目的，就是连续举办了几届"曹禺研究国际学术讨论会"。从第一届，一九九一年八月在南开大学召开，到二○一○年的第五届。这很不容易，不仅有力推动了曹禺研究本身的发展，还大大扩大了戏剧研究在社会上的影响，大大扩大了中国话剧在世界上的影响。

田先生还有最重要的一个贡献，是培养人才。这当然也属于学科建设的重要方面，但是因为这一方面太重要，必须单独说。

田先生从二十世纪八十年代开始，在中央戏剧学院和南开大学同时带研究生。当年，他的一个课题"中国现代比较戏剧史"是国家教委文科"七五"规划项目，这是田先生多年深思熟虑的一个学术课题。他以课题带研究，以课题带人才，在八十年代就培养出一批话剧研究者，如一九八二届的刘珏、胡志毅、北京师范学院王景山委托他指导的葛聪敏，一九八三届则有夏骏、汤恒，稍后则有倪似丹、宋宝珍、吴卫民、朱华等。一晃三十年过去，这些人中许多早已成为知名学者，他们又带出了更年轻的一辈。

概括地说，田先生本人的学术成果超越前辈和同侪，这些成果本身，还有他近四十年为学科建设所做的巨大贡献，他大量的学术组织工作，以及长达五十四年的人才培养，是田本相先生于话剧研究和中国话剧的几个最突出的贡献。

四

田先生在离休之后，一边主编《中国话剧艺术通史》，一边撰写《中国话剧百年史述》，两书已出版。但是，田先生仍然觉得这部书未能实现他的想法，自认为它们只是在局部或者某些方面有所突破。他直白地说，"我之所以再主编九卷本的《中国话剧艺术史》，是不满意《中国话剧艺术通史》和《中国话剧百年史述》"，"不是一点儿不满意，而是有着诸多不满意"。他对《中国话剧艺术史》的设想如下。第一，对百年来的中国话剧史做一次全面的、系统的梳理，使之成为一部具有百年总结性质、具有里程碑意义的史著。第二，这部史著，较以往的中国话剧史著之不同在于：一是使之真正成为一部中国话剧史，把过去忽略了的台湾、香港和澳门地区都包容进去；二是在内容上，真正写成一部话剧艺术史，彻底摆脱运动史加话剧文学史的模式，使它成为一部体现话剧是一门综合艺术的史著，把舞台美术、导演和表演包容进来。

第三，吸收近二十年的话剧史的研究成果，并且在创新的理念下，使之成为一部具有较高学术水准的、代表国内最高学术水平的话剧史著。第四，做到图文并茂，把重要的历史图片收录进来，使之成为一部形象的中国话剧艺术发展史。

粗看起来，这似乎与《中国话剧艺术通史》原来的设想差不多，只是从三卷本增至九卷本罢了。但是，它与《中国话剧艺术通史》和《中国话剧百年史述》确有着某些质的区别。田先生简要地概括是：四个区别，一大关切。四个区别是：第一，还话剧作为综合艺术的本体面目。戏剧毕竟是综合艺术，究其根本是表演的艺术，导演艺术、舞台设计、化妆艺术，以及戏剧文学，都是环绕表演而运作、展开的。因此，竭力还话剧史以综合艺术史本体的追求，是九卷本《中国话剧艺术史》的灵魂。第二，单独立卷的价值和意义。根据历史分期单独立卷，似乎还是传统的做法。但是，这样的单独立卷，将每段历史，更独立地加以审视和评估，不仅内容丰富了，而且对这段历史的描述更深化了。第三，把中国话剧的现实主义仅仅概括为战斗传统是不全面的，最能体现它的杰出成就和艺术成果的，也是中国话剧的独特性的，是一批我们称为诗化现实主义的剧作。第四，图文并茂的设计。上千幅照片，使话剧史作为综合艺术史的面貌更为真实生动。一大关切是：对中国话剧命运的关切，具体说来，是对中国话剧危机的关切。中国话剧的危机首先是思想的危机。①

此九卷本《中国话剧艺术史》2016 年由江苏凤凰教育出版社出版，在学界引起强烈反响，得到很高评价。

最近五六年间，田本相先生在撰写评论文章的同时，还有一系列重要成果出版。其中，两种大型史料集有特别的分量，即由田本相参与主编的三十八卷本的《中国现代戏剧理论批评书系》

---

① 田本相：《砚田笔耕记——田本相回忆录》，东方出版中心，2016 年，第 384—386 页。

（2014）和由他倡编的一百卷的《民国时期话剧杂志汇编》（2017）。2014年，他和邹红合编的《海外学者论曹禺》出版，十二卷本《田本相文集》出版。2016年，田先生所著《曹禺探知录》《砚田笔耕记——田本相回忆录》出版。2017年，他还主编出版了《新时期戏剧"二度西潮"论集》。

田先生对话剧史研究确实有一种迷恋，有一种穷追不舍的劲头。他老当益壮，老而愈勇，九卷本出来，他还不甘心，还想把中国话剧史的精华提取出来。于是产生两个想法：一是在纪念中国话剧诞生一百一十周年之际，写出《中国话剧的诗化传统》《曹禺：中国话剧诗化之集大成者》等。二是向话剧史研究的深化和细化进军，如《话说"话剧皇帝"石挥》《中国现代话剧表演艺术理论的发展轨迹（1907—1966）》，这些都是他撰写的《中国话剧表演艺术史稿》的有关章节。同时，田先生也开始组织有志于此的学者，撰写《中国话剧导演艺术史》和《中国话剧舞台美术史》等。他的想法是，不仅这些研究具有独立的学术价值，而且为更好地写出更为精彩的《中国话剧艺术史》准备条件。

所以说，田先生几十年来在话剧研究方面所做的贡献是完全学术性的、整体性的，当然也是历史性的。有这些成果摆在这儿，我可以这么说，田先生至少在话剧研究方面，一是作为开拓者之一，做了许多开拓性的工作，二是在这个领域，做了许多集大成的工作，毫无疑问，他也是一位集大成者。这两方面都凑集到一个人身上的，环顾当代学术界，确实不多见。而田先生在此二者之外，又做了大量学术组织工作，可以说为中国话剧事业和中国话剧研究做出了重要的、历史性的贡献。

五

现在这本《砚田无晚岁——田本相戏剧论集》，就是砚田先生最新的论文集了，集中了作者最重要的一些理论思考。比如，田先生曾经对中国现代戏剧理论批评史有一个评估，认为它有"两个特点，两个潮流，一大弱点。两个特点，一是中国现代戏剧理论的移植性、模仿性和实用性；一是中国现代戏剧理论的经验性。两个潮流，一是诗化现实主义的理论潮流；一是实用现实主义潮流。一大弱点，是学院派理论的孱弱。"①其中，"学院派戏剧批评"就是田先生近年特别关注的一个问题。何谓"学院派戏剧批评"，田先生认为，它首先意味着是一种精神，即独立的、自由的、讲学理的、具有文化超越的远见和胆识的批评精神。这是一种不同于政治化戏剧批评和商业化戏剧批评的第三种批评。这可视为田先生对于戏剧批评的一个贡献。

早在二十世纪八十年代，田先生出任中国艺术研究院话剧研究所所长，首先思考的一个重要问题就是中国话剧的传统问题。他当时就想，中国话剧难道就是"战斗的传统观念"所能完全概括的吗？难道真像所谓"大师"和"先锋"所说的，中国话剧没有留下什么好的东西吗？文集中就有几篇文章论述中国话剧的"诗化传统"和"诗化现实主义"。这两个概念和提法，不妨看作一个大概念。这是田先生多年研究中国话剧的一大发现。他指出，中国的文学传统是诗化传统。《诗经》《离骚》之后，赋、词、曲皆由诗演化而来。中国戏曲与中国文学传统有着密切的关系。外来的话剧进入中国这个伟大的诗的国度，也为这个强大的传统所融合，就不可避免地为这强大的"诗胃"所消化。"话剧走进这个伟大的诗的国度，即开始了话剧的诗化进程。""中国的诗化现实主义发端于 20 世纪 20 年代的田汉，30 年代形成曹禺、夏衍的诗化现实主义主流。它是在吸收西方现实主义、浪漫主义以及现代主义的精华以及中国文学的诗性智慧和中国戏曲的诗化传统基础

---

① 宋宝珍：《残缺的翅膀——中国现代戏剧理论批评史稿》序言，北京广播学院出版社，2002 年版，第 5 页。

上形成的，更在奋起抗战的民族大觉醒之际，最终构筑成中国话剧的宝贵的艺术传统。""这样一个传统是我们最可宝贵的遗产，也是最值得继承和发展的。中国话剧的希望也在这里。"

这是田先生对于中国话剧传统提出的一个总的命题。在这个总命题之下，他还有许多精深的研究，如，他提出"诗化真实"概念，所谓"诗意真实"，"首先是对现实生活中的诗意的捕捉、感悟、提炼和升华"。他发现，焦菊隐也一再强调舞台的"诗的意境"。心象、意象，这本是中国传统的诗学范畴。戏剧艺术所要创造的就是戏剧意象。焦菊隐反复强调的是，没有演员的富有创意的审美感受、审美体验，就不能产生"心象"。于是之说："演员真该像是一个苦吟诗人，敏锐地去感应，把生活的里里外外不遗漏、一丝一毫地都记载下来，记在情感中，记在笔记本里。"田先生指出，这里说的"感应"，"记在感情中"，就是焦菊隐强调演员审美感兴的注脚。

如果说田汉、郭沫若是中国话剧诗化传统的开拓者，那么，曹禺不但是中国话剧诗化传统之集大成者，而且是中国话剧诗化之典范。对曹禺研究极深的田本相先生，当然是首先研究并发现这一点的人。他指出，曹禺是自觉地把话剧作为诗来写的。首先，曹禺的话剧诗化是特别强调"情"的，把主体的"情"注入对现实的观察和现实的描绘之中。曹禺说："写《雷雨》是一种情感的迫切的需要。""《雷雨》的降生是一种心情在作祟，一种感情的发酵。"（《雷雨·序》）"正是这些感情在《雷雨》中，蒸腾为《雷雨》的氛围，孕育为人物的形象，交织成为不可解脱的情节和激荡的冲突。《日出》同样是他高度激情的宣泄和排遣。"（田本相语）其次，曹禺创造了一种"诗意的真实"。田先生在有关曹禺的论著中对曹禺的真实观曾做过概括，即"诗意真实"，他善于发现污浊掩盖下的美，以及腐朽背后的诗。再次，在曹禺的诗化的戏剧创作中，几乎所有的中国诗学的审美范畴均化入他的作品中，这些对他并不是理念，而是在中国文学诗化传统的熏陶中形成的。"曹禺的诗化现实主义，如今仍然对我们有着深刻的启示。"

有评论家指出，田本相先生关于"中国话剧的诗化传统"的成果，是田先生"研究中国话剧史的独到发现"，是"从复杂的中国现实主义表现中找到她的精华，找到中国话剧人对世界话剧的贡献"（熊元义语）。

文集中，除了作者这些关于学院派戏剧批评的最新观点，对于中国话剧史，特别是诗化传统的新的进一步的论述，还有作者对一些重要人物的评述和回忆。这里面既有学者，如李何林、宁宗一、焦尚志，也有导演和演员，如石挥、于是之、苏民等，当然也少不了关于曹禺的一些文章。总之，内容十分丰富，随处可见新的材料和睿见，可以说是吐金咳玉，每一篇都浸透作者几十年的心血，包含作者的学术思想精华，值得我们重视。

六

我与田先生的渊源，当然来自南开。南开的几位老师，刘家鸣、张菊香与田先生关系都很好，经常听他们说起。到北京后，认识张小鼎先生，张先生与田先生也很熟，再加上石家庄的刘绍本先生也是田先生当年在南开的同学，是我父亲多年的老朋友。但当时具体是谁介绍的，我现在回忆，多半还是张小鼎先生或者刘绍本先生。

我与田本相先生相识，准确的时间已无从考证，但可以肯定，至少应当在一九九六年八月之前。一九九六年八月七日《中华读书报》第五版，有我采访田先生的一篇报道，此可为证。主标题是《从来没有完整的〈雷雨〉》，副标题是《田本相谈〈雷雨〉的改编》。文章不长，但信息量不小，对一般读者了解《雷雨》还是有点儿帮助的，不妨录下：

原来,《雷雨》从 1935 年 4 月在东京神田一桥讲堂首演开始,就从来没有原原本本地原剧本演出过。但是,这并没有使《雷雨》的光彩从根本上减损。

　　近日,记者再次就《雷雨》的改编问题采访了中国艺术研究院话剧研究所所长田本相先生。田本相介绍说,《雷雨》在日本的首演,由杜宣、吴天和刘汝醴担任导演,演出时删去了《序幕》和《尾声》,杜、吴在致曹禺的信中说:"为着太长的缘故,把序幕和尾声不得已删去了,真是不得已的事情。"曹禺对此十分惋惜和不满。可是,全本演出《雷雨》要长达四小时,观众显然容易疲劳,删节剧本几乎是不可避免的。事实上,在解放前的演出中,《雷雨》几乎没有过序幕和尾声。田本相认为,后来的情况表明,曹禺对这一事实也渐渐采取了认同的态度。而学界认为,这样的《雷雨》已不是原本意义上的《雷雨》了——尽管它仍然很打动观众——,而是一个在社会接受过程中变化了的文本。

　　五十年代初,曹禺对《雷雨》做了较大的修改,强调了阶级斗争、阶级冲突。"文革"之后,这一点缓解了一些。在后来夏淳导演的《雷雨》中,更强调戏中原有的人情、人性。丁小平的《雷雨》,则加了序幕和尾声,但不是原来的。1993年,王晓鹰的《雷雨》中去掉了鲁大海,又做了小剧场的处理,对此,当然也有不同意见。

　　田本相认为,任何名著都意味着一个被不同时代接受、诠释的历史。"为什么说一部作品是经典,就因为它具有可以为不同时代和导演诠释的可能性。好的剧本会给导演很大的创造余地,可以发掘它的内涵,发掘以前没有被人认识的东西。但是,改编不是胡来的,不是任意的。改编确实是一种创造,改了它,但又是它。改编名著不是轻而易举的,到目前为止还没有一个我满意的《雷雨》。"

田本相最后说到现在的一些名著改编,特别是影视改编,商业气和匠气太重,少有曹禺改编巴金的《家》那样成功的例子。

　　这一段,现在单看文字,好像也不少,但当时放在版面上,并不大,连一个巴掌的面积也没有,占全版面积的十四分之一左右。因为当时的版面用的是六号字,字数较多,一个整版满排的字数,是将近一万六千字。

　　当时,我们人手少,专门的记者也很少,都是采编合一。为了撑版面,这一版上还有我采访万方的一篇,题为《爸爸说:"我知道那是个好东西"——作家万方谈曹禺和〈雷雨〉》。另外一篇评论,《曹禺对〈雷雨〉不成功的修改》也出自我的手笔,但因为是评论,所以就用了个笔名。多说一句,这篇文章,颇可体现当年《中华读书报》的风格,那就是,不是一味地唱赞歌、说好话,而是尽可能地表现出媒体的客观立场、批评立场。这一版主打的,是记者采访电视剧《雷雨》的导演郑万隆,题为《电视剧〈雷雨〉改了些什么》,还有一篇《明星荟萃新〈雷雨〉》,采访了王姬、赵文瑄、雷恪生等。记者彭明艳,当年也是个女作家,当时不知怎么到的《中华读书报》。她有能量,采访到这么多明星。而作为版面编辑的我,拼版却还不是很熟练。女同事王迎帮我不少。这次,我为了撑版面,把两张剧照,一张是王姬和赵文瑄,一张是王姬和鲍方,故意都倾斜一点儿角度,这样就可以多"浪费"一点儿版面空间。文章和文章之间,也是为了"咬"而"咬",并不好看。有的照片,则是为了把相邻的两篇文章既有联络又有区隔,摆的位置,既在上一篇文章中,又插进下一篇文章。总之,想法多,但是又不知怎么表达,版面并不很美观,显得比较乱。

　　那一年,我开始主编《中华读书报》第五版,也就是该报扩版成八个版之后,后面四版的第一版,叫"每周瞭望"。因为版面非常"吃"稿子，不论我准备多少稿子，没过两期就被"吞没"了。这个版面，总编辑梁刚建给的定位，就是要做大稿子，做主题性的、爆炸性的，总之一个字，要"火"。可是，当时，能把版面填满就算不错了，再要出彩，谈何容易。正好，当时《雷雨》改编为电视剧，比较受关注，又赶上《曹禺全集》出版；而《雷雨》改编，也引来一些不同意见，有争议，就有文章做。于是就做这么一版。学术上的主要支持，当然就得靠田本相先生了。

张小鼎先生在北京，和我来往多。此前不久茅盾百年诞辰，就是张老师提供的信息。这个版面的主题，也是他和刘绍本二位先生向我说的。当时，《曹禺全集》正在花山文艺出版社出版，刘老师在石家庄参与了一些工作。这一个版面上，还专门加了这么一条小消息。消息末尾，还有这么一句："此间有人士认为，作者尚在世时出版全集此前极少先例。"

当时，曹禺的身体已经很不好了。版面上配了一张曹禺和万方的合影，是在曹禺病房里。一九九六年十二月，曹禺就去世了。

第一次见田先生的情景，我还记得，是在恭王府，当时中国艺术研究院就在那里。话剧所在最北边一排房子。那天下午，阳光明媚，我如约而至。我站在院子里待了一会儿，田先生从走廊另一边信步走来。这个形象就这样一直留在我的脑海中。

田先生俨然是一位君子，我不记得田先生有开玩笑的时候，也很少见他笑。田先生给我的印象，一直是比较严肃的。此后因工作关系，也时有向他请益的机会。他出了重要的著作，也不时赐我，包括《中国话剧百年图史》这样贵重的书。此书由田先生主编，十六开，分上下两大巨册，是二〇〇七年六月十六日，田先生签名亲手送我的。这是一份沉甸甸的情义。这几年，我们来往渐多，田先生对我多有帮助。这帮助之一，就是把他最新的成果给我，支持《读书》杂志，比如，他的《话说"话剧皇帝"石挥》《海外中国抒情传统学派》两篇重头文章，都为杂志增色不少。

如果从世俗的角度讲，以田先生的革命资历和学术成就，他的官阶应远不止于此。但是，他自己对名利权，却是淡泊。我们没有一次听到他在这方面有什么不平的意见。他的目光，一方面永远探寻着历史中的问题，另一方面，打量着现实。他批判的锋芒，总是挥向戏剧中的丑，挥向学术研究中的劣，直指戏剧批评中的伪和俗。田先生担得起"仁""勇"二字。他一方面对话剧、对中国充满热爱，对青年学生充满关爱，另一方面，对不良的艺术现象和社会，总是勇于批评。他真的有鲁迅先生和李何林先生的风骨。

这就是我读《砚田无晚岁——田本相戏剧论集》和《砚田笔耕记——田本相回忆录》的读后感。权当作业和笔记，写在这里，请田先生和朋友们批评。

附记：田本相先生于二〇一九年三月五日逝世。此文是应田本相先生生前嘱托，为《砚田无晚岁——田本相戏剧论集》所写所谓序。此书原计划由中国戏剧出版社出版。此文的部分内容发表于《文汇报》二〇〇八年十二月二十九日。

张圣康：清正自守 散淡一生

（侯艺兵摄）

一

　　先师张圣康是一九五四年高中毕业考上北京大学中文系的，比著名的"五五级"还早一年。"五五级"出的学者、作家比较多，如谢冕、孙绍振、费振刚、孙玉石、陆俭明、张炯、黄修己、张少康、谭家健、吴泰昌，研究古典戏曲的吕薇芬，后来转行做近代史研究的杨天石、曾景忠，还有孙幼军、丹晨、任彦芳，等等。与张老师同级同班的学者，我比较熟悉的只有做语言学研究的李行健先生。张老师的同班同学还有一个大作家，刘绍棠。和他的这些同学相比，张老师虽写过一些小说、散文，但不是大作家，在研究方面似乎也没有什么大的成果。我后来想，这大概有多方面原因。一是他大学毕业后，先是在天津文学研究所、天津市文联工作，后来是在天津市文化局创作评论室。这些单位，都是关注时下的文学创作较多。二是在那个年代，是不得不受时局、时政影响的，是不能不随着政治形势而不断改变个人的研究主题和研究兴趣的。三是与他的个人性格有关。张老师比较随性，喜欢文艺评论、文学评论，是属于"狐狸"这一类型，关注面宽而新。当然，因为他长年在那些单位工作，本身就从事文艺批评，又因为他长年与作家打交道，很难说不是这些经历反过来影响了他的性格与写作方向。

　　张老师现在留下来的著作，除了一部长篇小说、两部文学教材，还有一本《徐光耀的创作悲欢》相对重要一些，对研究徐光耀比较有参考价值，也大体能代表张老师的研究路数。

　　二十世纪八十年代，《光明日报》上刊登一些重点高校招考研究生的启事，还有一些学术期刊目录和出版社（比如商务印书馆）的出书目录。这些我都比较喜欢看，于是很早就注意到南开大学中文系招收文艺学硕士研究生的信息，导师是高尔泰和张圣康，当时我就有几分向往。高先生当年还在兰州大学，而兰州大学文艺学专业当时还没有硕士点，他就在南开和张老师合招研究生。第一届研究生里，有杜白塔、严孚良等。据说老杜有些神通，当年在圈里很有名，可惜我一直无缘得见。这一届还有徐敏、郭骅、穆强他们，都听过高尔泰的课。到我上研究生的时候，短短一两年，却世事变化，高尔泰已经不在国内了。

从本科到硕士，我在南开求学七年，张老师的教育、关爱就贯穿这七年。

二

一九八七年八月二十八日，我们四个从同一所中学考上南开大学的年轻人，从石家庄一起坐 212 次火车奔赴天津。经过路上七个半小时的颠簸，到天津西站时已是下午五点半。到学校我办了手续，找到十三宿舍 309 寝室，天就黑了。第二天下午，我借了辆自行车，直奔大理道 7 号张继尧家。张叔叔是家严的大学同学，一直在天津工作，二十世纪七十年代曾是主管文教方面的领导，八十年代以后，从云端又回到人间，成了一介布衣。

在张叔叔家聊了一会儿，他说："现在时间还不算太晚，我带你去南开，拜访几位老师，这对你以后学习、发展会有帮助。"说完，他就先在家拨了两个电话。放下电话，他带着我，爷俩儿蹬着自行车，一路骑到南开。

那天晚上，我们先后拜访了四家，最后来到西南村二十三号楼，见到张圣康老师。与前几位先生不太一样，张老师穿着比较洋气，西装革履；他高高瘦瘦，说话比较斯文；戴着金丝眼镜，头发一丝不乱。那天是第一次见面，比较生分，我又是晚辈，没有多说话。但是我见张叔叔和张老师聊得融洽，就知道他们交情不一般。

过去，父亲经常跟我说，二十世纪五十年代他们上大学那会儿，文学概论课是所谓"挂帅"课，意思是理论性强，有指导性。本科二年级第二学期，我们上文学概论课。教这门课的就是张老师，他指定我做课代表。四年级第一学期，张老师又开了美学概论课，是一门选修课，也是我做课代表。文学概论这门课上，张老师组织大家看电影，看了之后要写作业。记得那年由尊龙主演的《末代皇帝》得了奥斯卡奖，在国内公映，张老师也组织我们看了，地点是在鞍山道八一礼堂。几年下来，与张老师来往渐多，感情自然也亲近不少。本科的毕业论文，最后也是选的张老师指导。

　　时光匆匆，一转眼就到了四年级，又是青年人的人生转折点。一九九〇年夏天，父亲带着我在石家庄找了几家单位，都碰了壁。于是，考研究生就成为一个必须认真考虑的事。我曾受一位热爱电影的同学的"蛊惑"，想去挑战一下电影学院导演系。张老师自然也关心我考研的事，希望我能报考他的研究生。——后来，那一年张老师的文艺学硕士就招了两个，我的师兄就是八二级上学、已经在系里工作五年的沈立岩。以前我们叫他沈老师，此后，研究生同学之间，私下就叫他老沈了。

　　张老师是上海人，有海派风格，比较开放，有世界眼光，比较追新，关注国际上新的学术发展，关注当下的文学潮流。他也有小资情调和文人做派。这小资情调表现之一，我觉得是他的漂亮西装。西装有淡灰色的、浅黄色的，有素色的，也有带条格的，面料也有很多种。最重要的是，他那么瘦高的身材，西装居然都那么合身。张老师的西装好，是因为他老父亲是上海老裁缝，老先生在时，他们家的西装和其他衣服都是老先生亲手做的。读研究生之后，和他接触更多，感觉也更亲切。这风格、这做派，当然有人喜欢有人未必喜欢。但我觉得，这至少让他多了几分亲和力。

研究生三年，是张老师和郎保东老师、刘大枫老师三位带，但张老师主讲，给我们开课也较多，如文艺心理学、美学研究、中国文艺学美学名著选读、西方文艺学美学名著选读、二十世纪西方文艺思潮等，都是张老师开的。马克思主义文艺研究课程是张老师和郎老师合讲，各讲一学期。通过这门课，我集中读了一些马、恩著作，如《一八四四年经济学哲学手稿》《关于费尔巴哈的提纲》《德意志意识形态》《〈政治经济学批判〉导言》《费尔巴哈与德国古典哲学的终结》等等，这些比较主要的书，我都是在这个时候认真读的。郎老师是复旦大学中文系毕业的，他有一个同班同学比较有名，就是给《读书》写了二十五年"诗配画"专栏的陈四益。刘老师就是南开大学出身。三位老师，正好分别来自三所文科最强的综合性大学。

几位老师的课不太一样。记得刘大枫的一门课有上下年级的同学，还有外边进修生来旁听，人比较多，是在主楼一层的文艺理论教研室上。那时，专业课大多安排在晚上。

张老师的课，有的因为学生少，又在晚上，所以大多是在他家里上。张老师阅读面极广，可以说遍览中外文学名著，给我们上课，可以把理论与作品充分结合，把二者打通，把理论讲透。不仅如此，因为他和很多作家比较熟，讲作品时经常可以结合作家的人生故事讲，我们听来也觉得生动、真切许多。张老师比较随和，主张学术民主。平时上课、聊天儿，他会说一些二十世纪五六十年代到七八十年代他熟悉的京津文艺界的逸闻掌故。

张老师不嗜烟酒，但有一大爱好——看电影。因为张老师是天津市电影家协会的，我们文艺学这个专业，理论上讲，文学艺术各门类都要涉猎、关注，所以在研究生期间，张老师仍然给我们创造条件看电影。此外，他和天津作协、文联都比较熟，有一些内部影片录像，他可以弄来票，组织我们去看。比如由美国凯文·科斯特纳（Kevin Costner）导演兼主演的《与狼共舞》，1991

年新得了奥斯卡奖，我们就是在新华路 237 号市文联看的。我们同级其他专业的同学也沾了光，名正言顺地分享到这次学术观摩。

张老师比较注意提携年轻人，在学术上注意给我们创造学习的机会。郭骅他们那一级硕士学位论文答辩，张老师就让我做答辩秘书，负责记录。张老师还带我们参加过几次学术会议，主要是天津美学学会的，也有天津社科联的。这些活动，自然都会给年轻人帮助，开阔眼界。巧的是，当时天津美学学会会长姜东赋也是我父亲大学同学，与张老师是多年朋友，我也比较熟。有一次，张老师通知我们第二天开会，却一时没找到我们，就在我宿舍留了字条，写在一个天津社科院情报研究所的信封上："明天上午，你们都去参加美学会吧，上午管饭。"

在中文系，"先生"和"老师"有微妙的区别。教我们课的，我们当然都尊称"老师"；但有些年尊较高、学问较大的，大家有时也叫"先生"。按年资，应称张老师为先生；可他职称多年未解决，一直是副教授；可尽管他是副教授，大家都觉得他为人和学问很好，所以我们研究生里，还是叫他张先生。他可算是"先生"里的副教授，副教授里的"先生"。他的职称一直到快退休时才解决，也算了了他一桩心事。

论文写作，是研究生二年级以后比较重要的事了。记得论文开题是在第三学期期末。因为我们的专业方向是文艺心理学，那两年我读贡布里希、伊瑟尔的书，还有维果茨基的《艺术心理学》，读得比较有感觉，有些自己的想法，就把题目定在了象征问题的研究上。到了写毕业论文阶段，我们讨论的问题就比较实在、具体了。他对我学业上的指导也最多，但他对我写论文没什么干涉，只是建议、指导，而修改意见都比较具体、细致，包括文字上的错误，他都一一指出。

我那时年轻，在学术上还有点儿志向。当年，学校要求硕士学位论文要一万字，我这篇写了三万字。其实最让我自己满意的，是打印后成形的样子。当时有本书，是范景中编选的《艺术与人文科学：贡布里希文选》，浙江摄影出版社一九八九年版。此书我看得比较投入，特别是它的装帧设计，与众不同，让我赞叹。此书是十六开，每页的正文只占版心的三分之二，右边有三分之一齐刷刷地留白。这留白的地方，有的放了照片，大多就完全空白——如果想在旁边记笔记，十分方便。总之，显得十分大气。我就被这个迷住了，盲目模仿。学问比不上贡氏，版式还不能学吗？于是，我就亦步亦趋，照猫画虎，跟它一样，每页三十七行，每行二十七个字，每页九百九十九个字。所以，这篇论文可说是有点儿形式大于内容的味道。

论文几经修改，终于完成，张老师给的评语是："论题很重要，有现实意义。对众说纷纭的艺术象征问题，力图突破一般象征论研究的常见思路与归纳方法，而从象征客体的生成与特点来展开探索。提出'象征元'（象征体）这个新概念、新见解，运用了现象学、接受美学、文本分析等方法，建立了一系列有序化的'象征元'问题的论证步骤。见解新颖，层次分明，视野开阔，文笔通畅，是一种有新意、有价值的学术探索。"

这篇硕士论文的部分内容几年后发表在《文艺研究》和《文学前沿》，算是个着落。二十年后为了评职称，我把张老师指导的那篇本科毕业论文又找出来，修改后投给一家"C刊"发表了。这些文章发表后，我都把刊物寄给了张老师。

按规定，答辩委员会除了文艺理论教研室的老师，还要有一位非本教研室的老师和一位外系的老师。所以，张老师请了中文系当代文学教研室的张学正先生和哲学系的童坦先生。答辩是在六月四日上午。负责记录的学术秘书是文艺学研究生一年级的汪惠仁。惠仁书法好，答辩的大字横幅就是他的墨宝。答辩之后，按惯例，老师和同学聚餐，地点是在天南街的碧云天饭馆。

研究生毕业，人生大事一桩，我们当然都很重视。头一两天，我专门理了发；答辩那天，换上一件干净衬衣、一条新买的裤子。那裤子是灰色的，面料有点儿特别，比较柔软，上面还有暗纹，有点儿摩登的意思。我还郑重其事地打了领带。答辩完的那天下午，我盛装未卸，在大中路骑车，迎面碰见了大学同学赵大庆。大庆见我穿得这么异样，不像平日那么寒酸、土气，就问是不是出了什么事？我说，这不是论文答辩吗！他随口说："噢，难怪你理了个答辩头，穿了条答辩裤。"他略带揶揄的这句话，多少年过去了，我现在想起来还会笑。

毕业找工作那一段时间，我也给张老师添了不少麻烦。那时电话很少，我们研究生楼只有楼下一层传达室有一部公用电话，还只能打内线。打外线要到院子里的电话亭，但经常要排队，很不方便。我找工作投简历，留的电话就是张老师家里的电话，可想这给张老师添了多少骚扰。有好几次，我下午在宿舍休息，张老师专门从西南村家里赶来，爬五层楼，就为了给我捎个口信儿，说某某单位来电话了，你赶紧联系。不仅如此，为了帮我推荐工作单位，张老师还专门给时任《天津日报》副总编的滕云写过信。

临毕业的那个五一节，张老师的女儿我的师妹结婚，他们让我给姑爷当伴郎，此项殊荣，我平生只有这一次。伴娘蔡璐，是师妹发小，也是南开子弟，前一年刚得了首届"天津小姐"冠军。

毕业临行前两三天，我去张老师家告别。以前我们上课或谈话是在书房，那天因为师母正在打扫书房，聊天儿就换在卧室。我发现墙上挂着张老师和夫人的结婚照，照片上的两个青年二十多岁，那么青春，那么阳光，那么漂亮。我被惊了一下子，马上又被吸引住，啧啧称羡，控制不住地打量了半天。

三

毕业后，我和张老师一直保持联系。我到光明日报社工作之后，张老师对我也有不少帮助。

一九九五年一月四日开始，光明日报新创了两个周刊——《文化周刊》和《家庭周刊》。那是报纸杂志化浪潮中两朵中央级的浪花。《文化周刊》是每周三出版，主编是沈卫星。编《文化周刊》第一版的，是杭天勇，兰州大学刚毕业，著名歌星杭天琪的堂弟，当时光明日报围棋第一，业余四段。他那会儿锐气正盛，天天憋着要整些大稿子，要轰动轰动。这第一版是综合报道，头条要大选题，报道的分量也要相对厚重，一周一篇，压力不小。那一年，正好第四十三届世界乒乓球锦标赛在天津举办，他就找我，想围绕天津做些文章。我就想到，天津在近代史上，经济、文化都很发达，但近些年，相比北京、上海，发展要慢许多，不妨围绕个中历史文化原因，做个报道。为了这个报道，我先和张老师通过电话，他给了我不少建议，又帮我联系当时天津社科院院长王辉，还有其他作家学者。

《打破天津文化弱势》发表在《光明日报》一九九五年六月十四日第九版。"弱势"这个词，以前几乎没有在中央大报上正式出现过，这一下大字标题用出来，比较醒目。报道大概四千字，但历史、文化内容比较多，采访的人也比较有代表性，比如冯骥才、王辉、薛宝琨、滕云，还有朱光磊、张国刚（都是南开大学学者）等等。圣康老师谦虚，没有在报道中露名字。报道总体上不是一个常见的宣传的调子，而是比较纵深的文化报道，并且提出了问题；其中，借学者之口，对天津文化发展相对落后，有一定批评，最尖锐的，当数薛宝琨。

报道出来后，给天津市不小的震动，据说市里高层为此专门开了会。

一九九八年五月，北京大学百年校庆。张老师四月十七日写信给我，说他们夫妇计划于五月三日到京，五月四日参加活动，然后想和我们几个在北京的学生见面聚聚。他让我联系徐敏、郭骅。那时，他与郭骅已经好几年没有见面，没有直接联系了，但希望这次能见个面。五月六日，徐敏、郭骅和我，陪着老师和师母，先是逛什刹海，中午找一家饭馆吃了饭。老师非常高兴。

前几年，回天津看张老师，他还陪我一同去找过滕云，后来滕先生又和我一起去看王辉。我曾经想约薛宝琨先生写文章，也是张老师帮忙联系，又一起和我去拜访薛先生，因为张老师和薛先生是大学上下级同学，关系一直不错。

张老师临退休那两年，用他自己的话说，叫"人懒心懒"，一九九五年九月二十六日，他写信说：

> 月初，被《文艺报》吴泰昌拉稿，写一篇评柳溪《战争启示录》之文章。柳来电告我，已发在9月22日《文艺报》上，可我还没见呢。现在人懒心懒，要不是吴泰昌来津一起座谈、拉稿，真不想写。上月交《天津文学》沈金梅一篇，也是欠了半年的文债。如此心态，也是老化之表现吧！

同一封信中，还说近来在《光明日报》《中华读书报》上常见我写的报道，对我记者工作的"勤快努力""善于思索发现"，给予肯定和鼓励。

我现在保存的张老师给我的信，一共十三通，还有那个"上午管饭"的便条。这些信，有谈到他的文章的，也有谈家常的，其中至少有一半的信与赠报有关。那些年，我们给一些学者作家赠阅《中华读书报》，我都把南开的一些老师列在名单里。每年十一月底，张老师就会来信把订报发票寄来。张老师写信，都是直呼我"晓风"，落款都是"圣康"。这平等、自然的语气，透出一种平淡和朴素的亲切。

四

　　《徐光耀的创作悲欢》这本书，按张老师书后的记载，是一九九二年十月到一九九三年七月写的，但是直到一九九九年六月才由中国文联出版社出版。这中间，我陪张老师去见过一次徐光耀，还替他们传递过一次书稿。一九九三年七月，书稿基本写成，张老师专程到石家庄见徐光耀，就书稿中的一些问题和徐当面探讨。张老师问的问题很具体，一边问一边认真记。这次商讨之后，张老师又对书稿做了修改、补充。这给我印象很深，让我知道什么叫学者的谦虚与严谨。

　　徐光耀被称为"小兵张嘎之父"。一九六三年，北京电影制片厂出品的电影《小兵张嘎》，就是根据徐光耀的同名小说改编的，电影的编剧也是徐光耀。此片由崔嵬和欧阳红樱导演，葛存壮演日本队长龟田，片中的游击队侦察员罗金保是几代少年的英雄偶像。此外，有一个跟随罗金保进入游击队隐蔽处的长镜头，是中国电影史中的一个经典长镜头，已经被写进教科书。但因为《小兵张嘎》太有名，掩盖了徐光耀的其他作品，比如《平原烈火》《新兵马强》《望日莲》《冷暖灾星》《昨夜西风凋碧树》等等。张老师的《徐光耀的创作悲欢》则对当时徐光耀的几乎全部作品做了评论，并且结合传主一生经历，做了比较深入的分析研究。张老师认为，在徐光耀的生平经历与创作历程中，他的情绪记忆和心理积淀中，丰富复杂、严酷紧张的青春经历显然占据了最突出的地位。感受过种种铁血烽火、生死歌哭的情境，一切日常生活的矛盾冲突与悲欢离合，对徐光耀来说，就显得分量较轻、印象平淡，留在心灵和记忆中的痕迹也就短暂浅泛一些。张老师还指出一点，就是二十世纪五六十年代那种参加运动式的深入生活，在观察、体验、研究、分析方面也有不少局限，这一点和徐光耀以真实生活为坚实基础的创作一比较，就看得很清楚。

在写作手法上，徐光耀将鲁迅推崇的"白描"奉为座右铭，将白描作为基本艺术手段，时时磨炼与运用。张老师特别注意到，徐光耀写作第一部长篇小说时，唯恐松散拉杂，就时时警惕和提醒自己，虽在写长篇，也应该像写短篇那样，尽量做到处处严紧、简练。——徐光耀"这种严格认真的自我要求、自我克制，成为他的写作习惯。他对文学语言的提炼、掌握、使用，也有良好的基础和开端，富有乡土气息和部队特色的活生生的群众语言，令人感到新鲜、自然而亲切"。而自从《小兵张嘎》成名之后，徐光耀依然坚持不懈，苦苦探索，即使在"四人帮"统治时期，在"样板戏创作原则"横行文坛的时候，他还是尊重生活真实和艺术真实，尊重现实主义的创作方法。二十世纪八十年代以后，艺术思潮多变，文坛花样翻新，各式各样的语言造句运动和文学叙事技巧，争奇斗异，扑朔迷离。徐光耀面对新潮，既有困惑、苦恼，也在探索、追求，但他没有忘记自我，忘记读者，忘记生活，忘记真实，既不墨守成规，也不随波逐流，还是在现实主义艺术方法的基础上吸收、借鉴、融化、创新。张老师认为，总的来看，徐光耀是"一位本色型战士型作家，严谨质朴有余，自由奔放不足。从艺术构思、艺术想象、艺术描写等方面来看，似乎还可以更大胆、更自由、更奔放一些"。有一些篇章的构思，显得比较拘谨；有一些性格的描绘，不够舒展充沛，可能受到生活本来面目和真人真事原型的影响与束缚，倘如能够发挥更充分，更大胆地想象虚构和深入刻画，艺术效果会更好。

张老师特别赞许徐光耀的一点是，他在人生历程和创作历程上，始终表现出孜孜不倦的进取精神和正直不阿的人格力量。这是老一辈人对人与文关系的一贯立场。《徐光耀的创作悲欢》这本书，一是思想比较深入，不是泛泛而谈；二是论述比较全面、客观，对徐光耀的人生与创作，有一种整体上的把握，对徐先生创作上的不足，也坦率直陈；三是有研究者自己的特点，张老师从创作心理的角度来探讨，挖掘徐光耀的创作内涵，分析其得失。这是第一本全面评论徐光耀的著作，读这本书，能闻到茨威格的《巴尔扎克传》的味道。

五

论起来，张老师的籍贯是浙江奉化，生在哈尔滨，但是他把自己归为上海人。张老师一九三五年七月七日出生时，他的父亲正好在哈尔滨做生意，张老师上小学时回到上海。当时上海被日寇占领，正是孤岛时期，他亲尝了被侵略、被欺凌的滋味。抗战胜利后的那几年，是他少年时比较愉快的时光。他曾经聊起，那几年在上海经常可以看好莱坞最新的电影，像《出水芙蓉》，他早在二十世纪四十年代就看了。一九四九上海解放，张老师也沐浴了新中国的阳光。一九五四年他从上海育才中学高中毕业，考上北京大学，得到许多一流大学者的亲授，如魏建功、林庚、吴组缃、王瑶、杨晦、游国恩等等。一九五八年张老师大学毕业就到了天津。一九八〇年他调到南开大学中文系，一九九六年退休。张老师是天津作协会员，八十年代发表过长篇小说《青春啊青春》。后来他说到，他写小说，搞创作，一个重要考虑是为了体验作家创作的心理过程，因为他打算研究文艺心理学。他也喜欢写文艺评论和影评，写了就发在报刊上，《文艺报》《文艺研究》《文学评论丛刊》《天津文学》《天津日报》《今晚报》上，那些年都能看到他的文章。

张老师看书多而且快，阅读量大得惊人。几十年搞文学研究、文学评论，他读的中外小说、散文、传记，还有电影、戏剧剧本，数以千计。退休之后，他还经常从图书馆借书看，一次就抱回十几本，有小说也有其他杂书。这些书，他一两周就翻完还回去。

晚年，他还保持着对电影的热爱。后来，光碟普及，他就在家看碟。一些新片子，他看完就写评论，写完就发表，自得其乐。他有一篇批评李少红导演的新版电视剧《红楼梦》的文章，给我看过，相当尖锐。

张老师对电影的热爱，始于少年生活的上海，盛于青年以后的天津。张老师大学毕业分到天津文学研究所，和张老师一起被分配到研究所的还有李行健。李行健是团支部书记，而张老师不是团员，对政治活动也不积极。张老师平时的打扮做派，比较优雅、洋气——这在当时，大家就不大看得惯，认为张老师的生活作风方面有小资产阶级倾向，思想上不求进步。那时，南市有一些小电影院，晚上放外国电影。张老师当时工资并不高，但就是爱看电影，特别是外国电影，经常晚上跑去买票看，夜里很晚才回来。这在当时也显得很另类，但张老师依然我行我素，用李行健现在的话讲，叫"不改初心"。而我觉得，他的那种我行我素，其实不妨说是对那个年代的"大轰大嗡"的漫不经心。性格的散（散淡），学术兴趣的漫，加上为人处世的淡，可以说是张老师的几个特点。

张老师晚年对生活上的一些事比较看得开，随性之中透出潇洒。他前几年身体一直都很好，至少给我的直观感觉是如此。他以近八十岁高龄，每周至少两次去水上公园的广场跳舞，一次两小时，而且他还是组织者之一。二〇〇四年十一月十四日，他们夫妇去港澳旅游一圈，张老师很高兴，前后给我写了两封信聊这件事。早几年，老师和师母就随学校组织的老年旅游团去欧洲旅游，跑了十几个国家。也是前几年，他们老两口和师兄自费去美国旅游。回来不久，正巧我来天津看他，他很高兴地和我聊，说这次去美国，凡是需要额外交钱的自费项目，他们都报名参加，坐直升机飞到科罗拉多大峡谷谷底，也不含糊！——这真让我从心里佩服。

六

前年夏天，六月十七日中午，忽然在微信上收到海南老单发的信息，说张老师六月十五日去世了。我一时不敢相信。打电话到老师家确认。不一会儿，老沈从天津来电话，也告诉了我这个消息，还说了和张老师最后告别的时间。我把手头儿的事情安排了一下，顾不上吃午饭，就打车直接往北京南站。上了出租车，我控制不住，掩面痛哭。

到了天津，我直奔老师家，见到师母、师兄，还有师妹夫妇，知道了第二天的安排。第二天一大早，我和老沈，还有一位师兄，在西南村校门外的崇明路桥上，一起坐大巴车去北仓。可以乘四十人的偌大的车厢里，那天除了司机，空荡荡的只有我们三人。

张老师和高尔泰、刘泽华同龄，都是乙亥年生，属猪。与高尔泰这样的风云人物的传奇人生比，张老师的一生显得相对平淡，不过是随着时代漂流浮沉。——从履历上的字面来看，的确如此。他经历了战乱，经历了几十年的各种运动，看惯了各色人等的精彩"表演"。正因为如此，张老师的一生也许更有代表性。但从另一个方面看，在这时代变迁中，张老师在随大流的表面之下，却保持着他自己的个性。从这一点讲，他与高、刘二位一样，也是特立独行的。他保持了一个普通知识分子的本色，一介文人的淡泊与正直。这也是中国传统文人的风骨。几十年当中，他有很多腾达的机会——如果他愿意的话。从所受教育的先天条件论，圣康老师在同龄人当中，从小学、中学一直到大学，可以说得到了完整的、最好的教育。他在二十世纪五十年代受一班大学者的熏陶，习得了眼界、知识面，自己长年练就了学术能力和文学创作能力，再怎么样，也比大多数人高出一大截吧。可终其一生，他就是一个文人，既没有当官，也没有发财。这真让我佩服。他有自己独特的价值体系与为人准则，还有志趣与风趣。他表面洋派，内心却很古典，可说是洋装虽然穿在身，但心依然是中国心。从他对他们那代人的几十年经历的反思中，可以感觉到他的立场，那就是坚守良知。在一个从上到下不得不靠揭发以求自保的年代，在一个卖友可以换来富贵的环境里，做到这一点其实并不很容易。一场大梦之后，也并不是每个人都能醒过来。

一种观点认为，生命的价值在于觉悟。而加缪说，真正的问题只有一个。张老师是个普通的知识分子，但是个有觉悟的人。更让人感佩的是，他以生命本身，同样发出了个人的加缪之问。这是超越物质层面的智慧，需要非凡的境界和决绝的勇气。

让我遗憾而又惭愧的是，我对老师的生平，还有他的思想和学问，了解实在太少，少得可怜。他以前和我们讲的那些故事也好，对文学的见解也好，我也没有记下什么。老师对人对事，有自己的坚持。有所守，当然也有所不屑，有所不为。他虽然明讲的不多，但与他几十年的接触，还是能让我们感觉得到。

这些日子，我断断续续写这篇文章，有时深夜难眠，就起来翻看老师当年写给我的信。读着老师的信，好像又能听见他熟悉的声音在叫我的名字。

（原载《随笔》2018 年第 4 期）

杨敬年：行百里者半九十

（侯艺兵摄）

我一生有几件引以为幸的事。大学毕业没有跟国民党走，而是来到了当时还是私立的南开大学，要不然也就像许多老同学一样，老死在台湾这个孤岛。牛津大学毕业后没有按预定计划去美国，而是回到了祖国的怀抱。还有，二十年的错案没有让我丧失对共产党的信心，并在晚年加入了党组织而了结夙愿。结婚七十三年耄耋相伴。

　　九十一岁的杨敬年教授精神矍铄、谈兴颇浓。可以说，杨敬年教授的一生是一部厚厚的书，故事多得讲不完。

　　一九〇八年，杨敬年教授生于湖南汨罗，一九二四年考入湖南省立第一师范学校。一九二七年考入中央军事政治学校第三分校步兵科，不久，"马日事变"爆发，杨敬年拒绝加入国民党而去当了小学教员。两年后到南京学习测量和无线电，一九三二年考入中央政治学校大学部行政系，四年后毕业，又考入南开经济研究所。"七七事变"后，杨老随南开大学教师方显廷、张纯明、何廉、李锐等在贵阳中国农村建设协会及当时的国民政府多个部门工作。一九四四年，他考取庚子赔款公费留学生，在牛津大学哲学政治学经济学专业（Philosophy, Politics and Economics）学习三年，获哲学博士学位。一九四八年十月，杨敬年满怀报国之志回到南开大学。一九四九年后，杨敬年任南开大学校务管理委员会管理，创办财政系，任系主任，同时兼任天津市财经委员会委员。在此期间，与中央财政部合作，为中华人民共和国培养了一批财政人才。

　　杨敬年长期研究政治学、经济学，写下大量的著述，如博士论文《英国中央政府各部职权的分配》，著作《科学·技术·经济增长》《西方发展经济学概论》，并承担国家教委教材《发展经济学概论》《西方发展经济学文献选读》的编写，为中国发展经济学学科的建立和发展做出了不可磨灭的贡献。

从教学岗位上退下来的杨教授，仍以惊人的毅力在工作着。他花了两年时间完成的专著《人性谈》比较系统地表达了他对人性的看法。杨教授介绍说，他的这本书从"科学""人的生物现象""人的心理现象"等角度来探讨人性。中国古人在这个问题上的含混，许多是因为没有把"人性是什么"（概念）和"人性怎么样"（判断）分清楚。而马克思认为，人性就是"需要""欲望"，罗素则认为人性之善就是欲望的满足。可是罗素又认为，人的贪欲、竞争欲、虚荣心、权力欲又永远得不到满足。杨教授说，人性本身最难克服的是"自制"与"宽容"，人性问题的解决则与经济、政治制度息息相关。

　　眼卜，杨教授正在按时间表翻译亚当·斯密（Adam Smith）的《国富论》，每天凌晨三点到七点，四个小时，每天四页。早饭后做保健操，白天他再花三四个小时做校对，并为第二天的工作做准备。九百多页的巨著目前已翻译过半。曾有多种社会职务、学术职务的杨教授日常还有一些社会活动，但他仍满怀信心，日日笔耕。他说："俗话说，'行百里者半九十'，我想人生也是一样。如果一个人活一百岁，九十岁才走了一半，还有一半的路要走啊！"

　　　　　　　　　　（原载《中华读书报》1998 年 2 月 18 日）

朱维之：《失乐园》《复乐园》
天国人间五百年

（侯艺兵摄）

上午，金色的阳光洒在书房里，九十三岁的朱维之教授伴着冬日里暖和的阳光独自在翻阅《光明日报》。时间突然惊奇地放慢了脚步，仔细打量老人面庞上的皱纹。

朱维之于一九〇五年生于浙江省苍南县，早年毕业于温州师范学校，一九三二年毕业于日本东京中央大学研究生科。一九三二年到一九三六年任福建协和大学（现福建师范大学前身）教师兼《福建文化》主编。一九三六年至一九五二年任上海之江大学副教授，一九五二年至今，一直在南开大学中文系任教，二十世纪七十年代末至八十年代曾任系主任。朱维之是我国较早研究希伯来文学、《圣经》文学的学者，一九四〇年就出版有《基督教与文学》，该书半个多世纪以来成为该领域最重要的著作之一，在内地、香港都曾出版。他一九三九年出版的《中国文艺思潮史略》到八十年代末改为《中国文艺思潮史稿》，由南开大学出版社出版。从一九二九年当教师算起，朱教授已有近七十年从事教育的时光。朱维之从教半个多世纪，培养了大批优秀人才，桃李满天下。多年来，他讲授的课程包括中国文学史、现代新文学、文艺理论、外国文学史等。由朱教授任主编的《外国文学史（欧美卷）》（南开大学出版社）和他主编的《外国文学简编》都曾获国家教委优秀教材一等奖，也是近年来全国许多高校采用的外国文学史教材。

西方文学有两个主要来源，一是希腊文学，一是希伯来文学。因此可以想见，研究希伯来文学对认识整个西方文学乃至世界文学传统有着多么重要的意义。朱维之除早年的基督教文学的著述外，还有《希伯来文化》《圣经文学二十讲》等著作行世。另外，朱维之还是一位出色的翻译家，弥尔顿的《失乐园》《复乐园》《斗士参孙》都经朱老的手译为汉语，他还翻译了弥尔顿的其他大量诗作，以及俄国格里鲍也陀夫的名作《聪明误》等。

朱教授的身体不如前几年了，现在行动有些不便，听力也很弱。我们的采访破坏了老人的平静。据九十一岁高龄的朱老夫人介绍，朱教授现在还有一件事悬在心里，那就是由国家教委立项的一套书，已经拖了好几年还没有交稿。当我们走出朱教授的家门时，我感觉时间和阳光一起留在了屋里，而时间在楼房外的阳光里又开始走动了。

（原载《中华读书报》1998 年 1 月 14 日）

滕维藻：高山之德 雨露桃李

（侯艺兵摄）

在经济学界、教育界久负盛名的滕维藻教授是南开大学第三任校长，他的名字和南开紧紧联系在一起。

滕维藻一九一七年一月生于江苏阜宁。一九三七年考入浙江大学，一边学习，一边积极参加抗日救亡的学生运动。一九四二年九月，他考取了西南联大研究院南开经济研究所，攻读研究生学位。毕业后，他放弃了物质生活较好的当银行家的前程，选择了南开大学清苦的教学与研究生涯。

在一九四四年至一九四五年间，滕维藻以"经济变动与经济进步中的工业与农业"为主题，在当时的经济学界核心杂志《财政评论》《中农月刊》《新经济》，以及颇有影响力的报纸《大公报》上发表论文十余篇，主要论辩对手是大名鼎鼎的钱穆钱宾四。这些五十年前发表的中国最早研究经济发展中工农业关系的论文，其中如《英国的圈地运动与工业革命——农业影响工业化的历史检证之一》等有着深远的理论意义与政策应用意义。就当时能紧扣中国经济应如何发展这一现实课题的角度看，罕见超越滕文者。

五十年前，作为青年教师的滕维藻依然投身爱国民主运动，揭露《中美商约》的反动实质，演讲"新币制之前途"。南开迎来解放后，他更以极大的热情投入到教学、科研工作中，并出任领导职务，与杨石先校长、吴大任先生等一道，对南开的教育发展做了不懈的努力。

二十世纪六十年代初，滕维藻在一次国务院召开的国际问题研究规划会议上，提出"研究中国经济必须了解世界经济"和"研究世界经济必须结合中国经济"的看法。后来，在周总理的筹划和批准下，由滕维藻负责在南开大学成立了一批国际问题研究机构，其中包括在我国一直是空白点的澳大利亚经济研究室。一九七四年春，滕维藻和他的同事们受命开展关于跨国公司的研究，经过几年的努力，出版了近三十万字的《跨国公司剖析》，填补了我国在这一重要领域的空白。此后，随着一批重要成果的问世，南开大学也因此成为国内最早研究跨国公司理论的基地。

一九八二年,滕维藻被联合国跨国公司委员会选为专家顾问,两届连任,这是我国首次有人担任此职。滕维藻多次在会议上站在发展中国家发展经济、捍卫主权的立场上发言;对跨国公司行为守则的制订发表了自己的独立见解。

滕校长虽年已耄耋,但仍宝刀不老。当初的《跨国公司概论》(与陈荫枋共同主编)获教育部第一届中国高校人文社会科学研究优秀成果奖一等奖,近年与他人合作的《论地区一体化与企业一体化》一文荣获了安子介国际贸易研究奖优秀论文一等奖。他还参与撰写《中国企业的跨国经营》,并执行主编《战后世界经济三大支柱》,由他主编的"走向国际市场"丛书也由贵州人民出版社陆续出版。

一生风雨坎坷、功勋卓著的滕校长现在仍住在南开园。

（原载《中华读书报》1998 年 1 月 7 日）

魏埙：中国经济学的去向牵动着他的心

（侯艺兵摄）

年近八十的"东方之子"魏埙教授每每谈起他研究了一辈子的《资本论》，谈起中国经济学的走向，总是滔滔不绝。在不久前出版的一期《当代经济研究》上，魏教授针对一位青年经济学家的观点又发表了一篇长文，认为"今后经济学的发展，不是含糊不清的马克思主义新综合，而是不含糊的马克思主义新发展。"就是既要明确地坚持以马克思主义为基础，又要发展马克思主义；在发展马克思主义当中，一要紧密结合我国和世界经济的实际，二要充分地吸收当代西方经济学的合理成分，"是吸收而不是综合"。[①]

　　魏埙先生原籍河北安新县，一九三九年考入燕京大学经济系，一九四二年转入北京大学经济系，一九四三年开始在高校从事教学和研究工作。二十世纪五十年代全国高校院系调整，他从天津工商学院到南开大学经济系任教至今，几十年来一直坚持在教学第一线，杏坛授业，孜孜不倦。魏埙教授长期研究《资本论》和现代资本主义经济理论，成就不凡。他对垄断价格、对商品价值到生产价格"转形"问题的研究，都曾引起经济学界的关注。魏埙教授把研究与教学紧密结合，除《价值规律在资本主义各阶段的作用及其表现形式》（与谷书堂合著，上海人民出版社，1957年）、《美元霸主地位的垮台》（主编，商务印书馆，1972年）等专著外，他还主编、撰写了大量经济学教材，其中《政治经济学（资本主义部分）》（主编，陕西人民出版社，1991年）曾获国家教委优秀教材一等奖、全国第二届普通高校优秀教材一等奖。由他主编的《评当代西方学者对马克思〈资本论〉的研究》更获得了孙冶方经济科学著作奖和吴玉章哲学社会科学著作奖。

　　在所有这些研究成果中，都体现着魏埙教授作为一名经济学家对马克思主义的深刻认识和对当代中国经济学的热切关注。他

---

　　① 魏埙：《中国经济学向何处去》，《当代经济研究》，1977年第6期。

说，当代西方经济学中当然有可以被吸收的成分，比如"消费者行为理论"，比如货币需求理论中的"交易方程式"，比如弗里德曼的"现代货币数量论"，等等，都有可供借鉴吸收的价值。但是，即使这样，目前建立的新的经济理论体系，不是别的，还是马克思主义经济学的新发展，或者是发展了马克思主义经济学。在不久前出版的《现代经济学论纲》（山西人民出版社，1997年）中，魏埙教授再次表达了他的这些看法。

今年，《魏埙文集》即将出版。壮心不已的魏教授仍然在辛勤工作，他还有好多计划，因为中国经济学的去向一直牵动着他的心。

（原载《中华读书报》1998年3月18日）

张光寅："最先进的技术是买不来的"

张光寅教授是那种典型的学者，衣着朴素，待人谦和，而且不大会客套。初次见面你会觉得他有几分书呆子气，但话题一进入他的"领地"，你就会发现他是一位学识广博、有着严肃治学精神的科学家，是那种只知道说真话，而不在乎怎样把话说得好听的科学家。

仲夏的一个上午，我在南开大学一间实验室中见到了张光寅教授，话题就从张教授此前参加的一项地方电子行业调查开始。

"我们现在的一个重要问题就是基础工业太薄弱。"张光寅一开口，完全不是我们听惯了的高调子。他说，我国的芯片技术与西方发达国家的差距越来越大，而芯片技术的高低直接影响着计算机、电子等行业的发展。"在技术水平、生产规模上，我们的芯片生产实在太脆弱了，这样下去，结果是很严峻的，我们将被淘汰出局。"

由此，张光寅谈到加强基础工业建设、保护民族工业的问题，他说："我们现在一方面是外面的东西敞开进，一方面是一些乡镇企业在乱来。这样下去，就怕基础工业垮了……我们不能把整个中国变成超级市场。光靠组装是死路一条……保护民族工业并不就是保守。外国的先进技术当然要借鉴、吸收，但在主体行业，我们一定要有自己的设计、生产能力，要有自己的很强的造血功能。"

一九九五年五月二十六日，江泽民同志在全国科技大会上的讲话中指出，"我们也必须清醒地认识到，世界上有些最先进的技术是买不来的……如果自主能力上不去，一味靠技术引进，就永远难以摆脱技术落后的局面。一个没有创新能力的民族，难以屹立于世界先进民族之林。作为一个独立自主的社会主义大国，我们必须在科技方面掌握自己的命运"。这让张光寅感到欣慰，他说："希望这个精神能真正贯彻。"

今年六十二岁的张光寅教授，从上大学开始，已经在南开大学度过了四十多个春秋。如今，他已是全国著名的固体光谱与光子学领域的专家，国家有突出贡献的中青年专家，固体光谱和凝聚态物理专业的博士生导师。他出版了《晶格振动光谱学》等专著和三百余篇论文，两次获国家科委科技进步二等奖，一次获国家发明三等奖。他与格罗斯在 Cu_2O 的能带深部发现新的青、蓝激子线系，开辟了利用激子光谱研究晶体能带结构的新途径。他找到了一种观察晶体中分立带反射光谱的完善方法，由此发现了上述新激子线系。他发明了大型千分尺不平行度激光检定仪；发展了光学谐振腔变换圆图解方法，有效地解决了复杂谐振腔的分析与设计。他与合作者观察到光折变晶体中一系列有重要实用价值的光折变新效应；首次用光学方法直接观察到 $a-LiIO3$ 中准一维离子输运过程；提出了 K_2ZnCL_4 晶体在 $I-C$ 相变中，孤子成对湮灭的观点。他的这些成果，得到国内外同行、专家的高度重视，论著被引用了三百二十二次。

张光寅教授后来又谈到对"信息高速公路"的看法。他说，"信息高速公路"会影响到很多领域，我们如果被甩下，将来会成为一座"信息孤岛"。这并不是危言耸听。以我们现在的经济实力，这项研究不能全面展开，但至少在意识上、在战略上要重视它，要引起政府有关部门的重视，在我们现有的条件下，至少可以解决"普通高速公路"，可以在重点大学和重要的科研机关铺设"信息高速公路"。因此，张光寅教授主张，现在对"信息高速公路""不是宣传过热的问题，而是怎样让更多的人认识到它的重要性的问题"。

（原载《光明日报》1995 年 8 月 2 日）

天国尘世南开友
泪如雨下哭国荣

（李彪绘）

二〇〇五年六月十七日中午，我正开着车在前三门大街上往国家博物馆去。烈日当空。十一点二十分，接到西安《唐都学刊》一位女同志的电话，说严国荣老师昨天晚上十一点去世了。我以为自己听错了。电话那边再说了一遍，老严是因为心脏病发作，心力衰竭，肝硬化。

挂掉电话，几分钟才回过神来，不禁悲从中来，在车中痛哭失声，泪如雨下。

"怎么会呢？太可怕了。"老严今年才四十岁。马凌在上海知道这消息，下午发个短信来，也是这句话。

我就在这第一时间，把这噩耗告诉了大家，这些最不愿听到这消息的他的同学们。我也没有去报社食堂吃饭，自己找地儿，人越少越好，一个人将就了一下。

我们那一级中文系研究生有十个人，五男五女。男同学序齿，最年长的是老余，老二是老田。老严和他们几位都是大学毕业后教过几年书，也长我几岁，排老三。老四就是我，老五是刘培。我和老田住515，一年后又搬进来老孙，他们三个住隔壁516。几年下来，六个人朝夕相处，情同手足。

国荣来自汉中，是标准的美男子，有汉唐人风度。我曾经不止一次想过，将来我要是拍电影，如果是古戏，一定给老严安排个角色，他的形象太好了。他皮肤白皙，眉清目朗，身材匀称挺拔。文如其人，老严还写得一手好字。他入学那时，好像就已和晓芸订婚。反正他是我们这几个人里最注重修饰的，穿衣服总是整洁漂亮，每天还都要梳头好几次。我现在眼前都能看见他梳头的姿势和神态，那甜蜜、自信，还有几分自我欣赏的劲头儿——恋爱中的人都是如此。他的头发柔软，梳的发型也好看，走在路上，经常能吸引女孩子的目光。他们家晓芸当然最知道老严这风度翩翩，我们有时还拿这事儿开他的玩笑。

那时毕竟都年轻啊！老严也不过二十六岁。学生单纯，也没什么负担，除了学习，就是玩呗。打"拖拉机"，两副扑克牌打双升级，我就是那会儿学会的。老田把这玩意儿从湖南老家带来，教会了大家一项打发光阴、"娱乐至死"的方式。老严打牌水平一般，关键时刻老出错牌，但他也喜欢打。我们不知有多少个夜晚，是在这牌局中一起度过了那难挨的枯寂而茫然的青春时光。

一起吃饭，一起散步，一起逛书店，一起看电影。大家在一起，也不知看了多少场电影，好看的、不好看的，甚至无聊的。有一段时间，我和老田闹点儿小矛盾，就和老严单独出去比较多。有一周两次去"曙光"，我们俩买的票，两次居然是完全相同的座位。他们都是从外省考入南开，哪里有我这半个天津土著对天津熟。在我的率领下，天津的电影院我们至少"考察"了二十多家，周边的什么"新兴""红旗"就不用说了，北到南市、"十月"，东到尖山，我们都到过。蹬着自行车，转呗。

老严也对我们的业余文化生活有所贡献，其中一项是让我们学到不少陕西方言，比如他高兴时，或者打牌输了，就亲切地叫老田"这 sóng"，后来查词典，才知道是"尻"字。

老严和老余跟郝世峰教授攻读唐宋文学。郝先生水平高，要求又严，他们两位本来功底就好，又用功最勤，学业日见精进。老严是我们几个男生中唯一的党员，为人处世比较成熟，各方面表现也都出色。有一年中期评选优秀研究生，一个年级只评出一人，就是老严。

好人往往时运不济。毕业时，他又要为分配奔波。那年春天，我随他一同到北京他一个亲戚家小住，帮他一同为找工作的事跑。就在丰台，就在京丰宾馆南边一站地，一个军队大院。第二天晚上，和他一起去中央党校，找我父亲的一个老同学。一路上，我们俩就一直商量，见了那位将军，话该怎么说、说到哪一步，结果会怎样。那是多么漫长曲折的夜路啊。在黑魆魆的夜幕中，两个年轻人去寻找人生中那一点微弱的光。

毕业后，老严大致稳定了，成家立业，又喜得贵子。某年冬天，他来北京出差，穿着皮夹克，晚上只见了一面，匆匆忙忙，大家都有"明日隔山岳，世事两茫茫"的感觉，不知何时再能见面。一晃又是几年。后来，他负责《唐都学刊》的具体工作，我们见面机会多了，同学之情又得以重温。

　　但大前年在西安见到他，我吃了一惊，几年不见，他竟然那样瘦。眼窝深陷，面色发暗，显得十分衰老，像老了二十岁，换了一个人。前年十二月他来北京，更瘦了，眼窝更深了，人也更显老了，而且嘴唇发紫，如同当年的王小波——我心里暗暗惊恐。这两年，眼看着他身体在垮下去。病因是主要的，但是过度劳累，肯定是加速了病情的恶化。他为了杂志的生存，不但四处求人约稿，还要为保住刊号到处走关系；不但日夜操劳，到处奔波，而且逢人赔笑、低三下四，还要在酒桌上"冲锋陷阵"。他承受的压力当然不止于此。在当今中国的高校，想要立足，想要过上体面一点儿的生活，有点儿尊严，就要弄个博士，就要混个教授。那博士、教授不管是抄袭抄来的，还是花钱买来的，只要有那个狗屁文凭、垃圾专著就行。这些老严都做不来。我揣想，他甚至或也想做，但是实在没有力气了。他要奋斗这些东西，就得实实在在地付出许多，甚至是生命。当今学界愈演愈烈的以抄袭剽窃、滥竽充数为突出特征的学术堕落，大大增加了老实巴交做学问的学者的成本。这是从个人层面说；从宏观来讲，这是几十倍上百倍地增加了中国教育的成本、学术研究的成本，还有中国社会的成本啊。

　　去年这会儿，老严打电话来让我帮他找地方发论文。他急着要博士论文答辩，还要评教授。他说，"忙过这一阵就好了，你可要帮老哥这个忙"。我却没有答应。一是俗务缠身，没时间，二是跟人家讲什么学术规范。今天想来后悔莫及，去他的什么学术规范吧！

去年下半年，老严又为他的博士论文出版找我们几个在北京的同学帮忙。他研究的东西，也是没什么市场，大家虽然帮忙，但他到最后也没有见到书的出版。最后一次接他的电话，是老严从深圳打来的，声音暗哑，有股阴森森的气息，好像从另一个世界传来的。

老严走了。老严是个小人物，地球上六十亿人中的一个，和我们这些同学一样，都是宇宙中的一粒尘埃。可他是我的同学，和我共同度过了生命中最美好的一段时光。他走了，带走了我的一部分记忆，我的生命也缺了一块。

"访旧半为鬼，惊呼热中肠。"当年老杜写这诗，是四十多岁。年轻时读这诗，心中感慨，佩服杜甫的笔力。如今想起这诗，则佩服杜甫的勇气，惊叹现实的残酷，时间的无情。

现在老严人不在了，只有我们这微不足道的怀念留在这世上；百年之后，我们这些同学也将成古人，这世上就连这怀念都没有了。愿老严在天国能轻松快乐，如果有学友玩伴，陪你聊天儿打牌，那就更好。在那极乐世界里，应该光明、平等，你不用再为声名所劳累了。

二〇〇五年六月十八日、十九日
二十日晚再改

（原载《中华读书报》2005 年 6 月 22 日）

人与书

张小鼎：为他人作嫁衣
为文学做编辑

一

张小鼎先生今年新出了一本书，叫《一个编审的视界》，人民文学出版社出的。书出之前两个月，张先生把封面发给我，让我帮他参谋一下。我说，两个封面都很好。您能出这本书，比什么都好！夏天，书出来了。七月底，我到张先生家拿书。正好，他要送给天津、石家庄的老同学们，我就都帮他带了，也包括给《中华读书报》的魏琦。总共二十来本，他分打了几包。魏琦那天没在办公室，我托别的同事转交的。过了两天，给魏老师打电话，他说，能不能找人给这本书写篇书评？我说，我可以考虑写一篇。结果，一拖拖到今天。

我和张先生认识的时间不算太长，只有二十五个年头。交往呢，由私而公，半私半公，公私兼顾。张先生这些年对我的帮助，可以说就是对《中华读书报》的支持，所以，也可以说是以私济公。二〇一四年，《中华读书报》创办二十周年，我蒙老同事们不弃，写了一篇纪念文章。文中提到两位，都是编制不在报社，但对《中华读书报》有特殊贡献的，其中一位，就是张先生。所以，我今天这篇文章，在《中华读书报》登，最合适。

二

其实，《中华读书报》的认识张先生的不止我一个。但是，从时间长度、交往的"浓度"来说，我应该有更多可说的。

一九九五年六七月间，因为浙江文艺出版社要出版新版《鲁迅全集》，各报纷纷发表消息和评论，争议也随之而起。在这过程中，还有人民文学出版社的激烈反应。到了九月中旬，争论中已经可以闻到火药味了。九月十四号晚上七八点钟，张老师给我打电话说:"明天在鲁博(鲁迅博物馆)有个会,是以中国鲁迅研究会和《鲁迅研究月刊》编辑部的名义开的,鲁研界的知名学者差不多都会来。此事现在正是热点,你应该去听听。"张老师还把王得后的电话告诉我,说通知我来参加的事,已经和王得后说了,但是还是让我先给王先生打个电话。我马上就给王先生打电话。电话里,王先生声音很高:"你明天到鲁博就说找我就行,都认识我。"

第二天上午九点来钟,我到了鲁博,找到开会的会议室,说找王得后,王先生就过来和我打招呼,这是我第一次见他。他就向大家介绍,说这是《光明日报》和《中华读书报》的记者。好家伙,这一大屋子,都是学界的大人物。老一辈的有王景山,晚一辈的有陈漱渝、黄侯兴、钱理群、王世家、吴福辉,还有王富仁、陈平原、葛兆光,等等,这一下子,全认识了。这个会,说是讨论,其实舆论一边倒,都是支持浙江文艺出版社,反对人民文学出版社。这样的会,身为人民文学出版社编辑的张小鼎先生当然不便参加。——此事已过去二十三年,现在可以披露线人是谁了。

这篇报道有个耸人听闻的标题:《书还没出,怎么就错了?》,见于一九九五年九月二十日《中华读书报》第一版。这标题,我印象里,要么是一版编辑王菲改的,要么是总编辑梁刚建改的。同一天的报纸,总共有我三篇报道。头版中间,还有一篇我采访徐坤的《徐坤新出场 文坛不寂寞》,二版上则有一篇采访冯天瑜的《"要我们保存国粹,也须国粹能保存我们"》。

当时关于新版《鲁迅全集》的讨论已经沸沸扬扬,这篇报道出来,仿佛烈火浇油,学界和出版界一下就炸了。很多家报刊转载。特别是标题,倾向性太明显。人民文学出版社不干了,给报社发来公函。梁刚建表面上应付人文社,其实比较满意,在办公室乐得合不拢嘴,直说"真火"。

二〇〇〇年三月二日，是"左联"成立七十周年纪念日。一月初的时候，我就和张先生商量，要采访一些人，做报道。张先生就帮我联系，可以说不遗余力。他不但提供名单，而且直接把电话给我们。不仅如此，大多数情况下，他都要先替我们给人家打个电话，说明情况，做个铺垫，这样我们再去，就顺利多了。那一段时间，写《左联史》的姚辛也在北京，他的《左联词典》是在光明日报出版社出的，他就住在光明日报招待所。张老师和他也熟，中间还联系姚辛，协调采访，让我找姚辛要资料。楼适夷的工作单位就是人民文学出版社，张老师也给帮忙联系了，只是这时楼适夷已住院多年，身体状况已经不允许接受采访了。

　　我们第一个采访的是梅志。那两天，北京下大雪。一月三十日，马上就要过年了，我和侯艺兵跑到木樨地，连续几个小时，集中采访了几家，有梅益、秦川、李之琏等；第二天，又去采访周而复；第三天，到方庄采访伍孟昌。新闻界的老前辈甘迈，也是"左联"的，是侯艺兵自己去采访的，文字也是他写的。这里边最年轻的是秦川，一九一九年生，那一年也已经八十一岁。为了查用资料，我还专门找到中国社会科学院文学所的李葆琰，向他请教。李先生是《中国大百科全书》"中国左翼作家联盟"词条的撰写者。他家住丰台火车站西边的正阳大街，在西四环外边，相当偏远。我只见过李先生两面，都是为了这次"左联"的采访，第一次是借书，第二次是还书。李先生前两年已经过世了。我们当年采访的那几位老先生，更是一个都不在了。

　　"左联"成立大会是在一九三〇年三月二日，我们的报纸是二〇〇〇年三月一日出版，比纪念日提前一天。一个整版，《遥想"左联"当年》通栏大标题，六个大字，每个比核桃还大，套红。侯艺兵拍的"老左联"的一排照片，"顶天立地"，齐刷刷立在左边，很有视觉冲击力，比较震撼。这一版可以说是张先生、侯艺兵和姚辛大家一同做成的，但首功应该记在张先生头上。

除了给我们提供宝贵线索，张先生还亲自出手，给《中华读书报》写过几篇重头文章。二〇一八年是《西行漫记》出版八十年，上半年，人民文学出版社为此专门开了一个纪念座谈会，会议特别邀请张小鼎先生参加。张老师当年曾为《西行漫记》的出版专门到北京图书馆（现国家图书馆）查找过胡愈之的原始文献，做过基础工作。二〇〇五年，他写过一篇长文，记述《西行漫记》的诞生过程、出版历程，还有国际影响，等等。他对这本书的故事太熟悉了，对这本书太热爱了。为这本书的出版，他也付出了很多。但是此文中，他并没有一句提自己。——他的境界，我辈真是差得远啊。他这篇文章发表在《中华读书报》二〇〇五年八月三日，许多报纸转载。二〇〇四年五月十二日，张老师还有一篇怀念林辰先生的文章，发在我和魏琦编辑的读书报《学术双周刊》。一九九六年十一月六日的《中华读书报》，还有张老师的《关于鲁迅茅盾联名致中共中央的贺信》，探讨相关史实，很有价值。而他的《〈鲁迅全集〉三个里程碑式版本》，也是非常有价值的出版史文献，影响很大，也是经我手在《中华读书报》二〇〇五年二月二十三日发表的。文章四千多字，《新华文摘》全文转载，后又收入不同的研究文集中。张先生此文发表时，二〇〇五版《鲁迅全集》即将出版，其实，我们正是为了配合二〇〇五年新版《鲁迅全集》出版而请张先生撰写此文的。——以此为契机，张先生又充实内容，把新版《鲁迅全集》的内容也增加进去，给不同报刊写了关于《鲁迅全集》版本的文章。最终成稿时，又有三万字和六万字的不同版本。

但张老师最有影响的一篇，恐怕还是那篇发表于一九九七年七月三十日的《真假照片背后的故事》。

一九九七年是商务印书馆建立一百周年。五月七日，《中华读书报》登了一整版《商务印书馆百年图片回顾》，宣传商务印书馆，也有广告的成分。其中有一张照片，是鲁迅、周建人、许广平和孙伏园的合影。其实，这是一张"在特殊历史时期被修改过的照片"，用张老师的话说，是"赝品"照片。当年真实的照片上，其实还有两个人，林语堂和孙伏园的弟弟孙福熙。一般读者一眼看过就过去了，但是张老师看到报纸，当天就给我打电话，说："这样不对，贵报应该设法更正，消除不良影响。"他说得很真诚，很认真，说了半个小时。我听了倒挺兴奋，说："张老师您就这个话题写一篇文章，不是很好吗？可以借此向读者介绍相关的文学史背景知识。"张老师说："这类事不止这一张照片，要写，就一块儿写。"于是，他真的花了好几周时间，把文章写了出来，找了三组真假照片，一一对照，说明历史背景；对照鲁迅日记等原始材料，梳理史料，澄清历史。张老师指出："这幅多年不见的赝品照片堂而皇之地重新刊登在九十年代颇有影响的报纸上，不能不引起我们的重视和思考，它促使我们对过去——特别是极'左'思潮空前泛滥的'文革'时期——被任意涂抹的历史，有必要进行追溯与鉴别，以便去伪存真，拨乱反正，还其以历史原貌。"都说张老师是搞史料的，其实他真的有思想。他的这篇文章和这段话，可以作为批判历史虚无主义的榜样。

三

　　二十世纪六十年代初，张小鼎大学毕业后，来到北京鲁迅博物馆工作，在"文革"后期和七十年代末，曾两次被借调到国家文物局完成临时指定的任务。一九七五年十月，周海婴就出版《鲁迅全集》和增设鲁迅研究室等问题上书毛泽东，得到"赞成"批示。第二年，南开大学李何林奉调赴京，出任鲁迅博物馆馆长兼鲁迅研究室主任。张小鼎也随之在研究室和博物馆两边上班。一九八〇年十一月，他又被借调到设在人民文学出版社的"瞿编组"，参加《瞿秋白文集（文学编）》的编注工作，由王士菁和牛汉直接领导。文集顾问则是李维汉、陆定一、周扬。全部工作在胡乔木领导和中央文献研究室帮助下开展。在此之前的一九八〇年五月，张老师曾受周海婴电话三次邀约，实在无法推辞，便回馆与陈漱渝、孙瑛、叶淑穗合作，共同编撰《鲁迅画传》。该书于一九八一年由人民美术出版社用中、英、日三种文字出版。

由编《瞿秋白文集》开始，张小鼎对现代文学编辑和研究渐次深入，渐窥堂奥。《瞿秋白文集》编辑后半程，直到出版，主要的工作就是张小鼎承担了。

一九八三年四月，《茅盾全集》编委会成立，叶子铭任《茅盾全集》编辑室主任，王仰晨任副主任。"茅编室"起初隶属中国作家协会，后来转属人民文学出版社。一九八六年秋，叶子铭调回南京大学。一九八八年，张小鼎接替王仰晨，承担"茅编室"工作。熟悉情况后，他深深感到《茅盾全集》的编注发稿远远比《瞿秋白文集》要繁难得多，这倒并非仅仅因为全集卷帙浩繁，内容博大精深，写作时间跨度较长，搜集佚文相当困难，更主要的是，还有许许多多意想不到的矛盾和问题。譬如，《全集》的编辑思想不够明确；收文标准不够严谨；文章版本比较混乱；注释繁简没有依据标准；基础工作太不扎实；复印件字迹模糊不清；手抄稿漏字、漏行以至漏页甚多，没有认真校勘；注释班子庞大松散，二十余人分散在全国各地，工作很不得力；等等。上述一系列问题倘不及时解决，工作很难开展。在叶子铭的支持下，他们利用茅盾研究国际学术讨论会在厦门大学举行之便，挤出点儿时间召开一次"会中会"，为后边的工作打下基础。《茅盾全集》后面的第十八至四十卷繁重而复杂的编辑、校注、协调和发稿工作，就这样落在张先生肩上。

张小鼎曾参与校注、编辑的还有《老舍全集》和《鲁迅全集》的修订本，他是《鲁迅全集》修订编委会委员。据张小鼎初步统计，二〇〇五版《鲁迅全集》对鲁迅著作文本做了23 400多条注释，总字数达 240 万字，仅增补新注就达 1 500 余条，对原注做重要修改的也达 1 000 多条。这是一个巨大的工作量，而张小鼎就是作为出版方人民文学出版社的专家参与这些工作的。《茅盾全集》《老舍全集》都获得了国家图书奖荣誉奖。

几十年的训练、积累使张先生养成了深厚的学术功底。他对史料研究之透彻、爬梳之清楚、考订之严谨，就是专门做现代文学研究的，也未必全能超过他。因为张先生常年做史料工作，不了解的人以为他就只会做史料整理。这是绝大的误解。张先生做史料，不是他不能做理论研究、做评论，而是他很早就从现实中得到教训，给自己"约法三章"，只做史料，不做评论和理论。但是他的这些史料性的文章，比如《斯诺与鲁迅》《略谈瞿秋白与文学研究会》《真假照片背后的故事》《〈西行漫记〉在中国》《永恒的"红星"在世界闪耀》《海伦斯诺与冰心》《"汉堡嘉夫人"与鲁迅》《路易·艾黎与冯雪峰的"一面之缘"》等等，不是比那些空泛的所谓理论文章强百倍吗？从另一方面讲，没有背后的理论素养，这些文章也是写不出来的。

专门研究现代文学史料的著名学者刘增杰，对张小鼎这些关于《鲁迅全集》版本的研究"印象深刻"，评价极高，认为张先生的文章系统总结了《鲁迅全集》四次出版所取得的成绩与存在的问题，"是一部浓缩了的《鲁迅全集》出版史。""该文对所涉及具体文学事件的描述尤见功力。鲁迅《答徐懋庸并关于抗日文艺统一战线问题》一文的注释，长期纠缠不清。论文作者以时间为序，冷静客观地一一列举事实，对似乎是一团乱麻的史料进行耐心的梳理辨析，从而使问题得以澄清，并使读者能够读出史料本身所具有的巨大的思想蕴含。"刘增杰《中国现代文学史料学》一书中，有多处对张小鼎文章的引述和评价，这只是其中之一。

张小鼎对《西行漫记》中译本的流传与影响的研究，也在学界引起重视，获得学界高度评价。学者王晖在《百年报告文学：

文体流变与批评态势》一书中指出，张小鼎对《西行漫记》几个重要中译本的流传与影响的研究"颇有新意"，"不啻是为《西行漫记》，也是为报告文学文本的版本学和传播学研究提供了一个良好的范例"。梁志群在《外国文学研究》一文中则认为，张小鼎的研究，为《西行漫记》中译本的分析提供了重要线索，"填补了《西行漫记》版本学研究的一项空白"。美国著名斯诺研究专家、奥克兰大学历史系教授伯纳德·托马斯（Bernard Thomas）在《冒险的岁月——埃德加·斯诺在中国》一书中，多处引用张小鼎的论文与资料，并对他的研究给予高度评价。

张先生为人极其低调。以他的水平，以他掌握的海量的史料，特别是各种一手资料，他可以写出比现在多十倍的文章。但是，他把主要的时间和精力都花在编辑工作上，心甘情愿地为作家和学者们服务，为他人作嫁衣。他今年八十多岁了，才出第一本书。他说，这些"约法三章"之下的枯燥乏味的史料性文字，个人从无整理出书的奢望，如果不是一些文坛前辈和学界友人的力劝，"若无他们多年的热情鼓励和一再劝说，我是绝无勇气考虑出书的"。

——读到这些话，我真的有点儿心酸。

可以说，老一辈的大编辑以赵家璧、曾彦修、范用、王仰晨、常君实为代表；二十世纪三十年代出生的这一辈，张小鼎先生则可算是学者型编辑的一位杰出代表。在一九九一年马良春、李福田主编的《中国文学大辞典》中，张小鼎就已经被作为"编辑出版家"收入。《一个编审的视界》这本书，收入了张先生主要的文章成果，可以反映他的水平。全书包括三个部分，也是他研究的三个主要方面：鲁迅研究、国际友人研究、现代文学研究。每篇文章都是干货，很有价值，值得大家好好一读。

四

张老师生于一九三七年。他的简介上，说是江苏扬州人，但他出生于南京。那时的南京，正面临日本鬼子的疯狂侵略。他父亲是铁路上的会计，他出生不久，就随家里人逃难到重庆，在重庆上小学一、二年级时，正赶上重庆大轰炸。抗战胜利后，他随家长工作调动，先后在东北锦州与北平上小学。二十世纪五十年代，他又随父母去河南，在郑州读初中。为获取优质教育，保证将来顺利考上好大学，在大哥的支持下，他于一九五三年毅然离家赴京，幸运地考上住宿的北京第四中学，至高中毕业。

一九五六年春，政府发出"向科学进军"的号召。这年夏天，张小鼎从北京四中毕业。他的家长决定继续支持他上大学，攻读科学技术知识，以便掌握一技之长，将来好报效祖国。"然而，'作家是人类灵魂的工程师'，这一五十年代相当流行的时髦称号，无疑对涉世未深而又爱好文艺的青年学生，具有磁石般的吸引力。"①于是，他报考了南开大学中文系。

大学几年，张小鼎和他的同辈人一起，"经历运动，汲取教训，深刻认识到关心政治、改造思想、树立革命的人生观是新中国大学生的首要任务"。至于创作，不但需要正确的人生观做指导，储备多方面知识，刻苦学习写作技巧，更要深入社会底层体验生活和积累写作素材；而作为名实相副的真正作家，尤需要天赋和创作才华。他认为，以此衡量自己，显然远不够格，是决不适合从事"灵魂的工程师"这一神圣工作的。因此他暗下决心：尽快毕业离开学校，找一力能胜任的岗位，尽心做好本职工作后，八小时以外就可随心所欲地浏览世界名著和古今诗词，以愉悦心情，

---

① 张小鼎：《一个编审的视界》，人民文学出版社，2018年，第352页。

自得其乐，放弃"梦想"，永不写作。

一九六〇年冬，张小鼎先生一再申请，获准参加农村的整风整社运动。随包括系主任李何林教授在内的中文系高年级部分师生，作为河北省委工作队的"助手"，前往邯郸临城公社的"三类"社队。因为生活条件过于艰苦，他的双腿很快严重浮肿，以致不久毕业工作时，他先后染上无黄疸和急性黄疸性两次肝炎。当时大夫告诉张小鼎家人，说他的肝已"中等硬度"，如能好好调养休息，或许还能活上十年八年。他多年后回忆这一段，说，苍天仁爱，仅让他在鬼门关边绕了一圈，十分侥幸地又好歹活了下来。对此，"自己却始终无怨无悔，自豪地认为毕竟经受住严峻的政治考验，不但了解了广大贫下中农的生活疾苦，严格执行了当时党的农村政策，补上了农村的阶级斗争这一课；而且中国农民吃苦耐劳、勤俭质朴、忠厚善良等优秀品格也给我留下深刻印象。这可说是我大学五年中最受教育、永难忘怀的一段时光"①。

张老师特别感念那些在人生中帮助过他的人，特别是那些学界前辈。比如李何林，既是他的老师，也是他的领导。还有王士菁、牛汉等前辈，以及叶子铭这样的同辈学长，凡在学术上对其有帮助的，他都没有忘。他特别感念的，还有王云缦先生，就是电影评论家、《中国电影艺术史略》的作者。在"文革"后期，张小鼎结识了王云缦，王先生语重心长地鼓励、敦促张小鼎写作，使小鼎先生打开心结，提笔写作。

五

张老师自己说，他是大时代中的一个小人物，基本上是以从事鲁迅和中国现代文学的编辑和研究工作为主。他自称："大致说

---

① 张小鼎：《一个编审的视界》，人民文学出版社，2018年，第353页。

来，我也属于'生在旧社会，长在红旗下'，伴随新生的共和国历经数十年风风雨雨的磨砺与考验，艰难坎坷走到改革开放今天的那一代知识分子中的一员。"①如果非要用几个关键词概括张先生，这几个词恐怕少不了：资深文学编辑、鲁迅研究专家、斯诺研究专家、现代文学史料专家、《茅盾全集》和《瞿秋白文集》编辑。

这些枯燥而有点儿抽象的词，多少会掩盖他的真实形象。在熟悉他的朋友们的眼里，他是一个热情的人，非常乐于帮助人。像王观泉先生、姚辛、赵武平、延安大学的学者梁向阳，得张小鼎帮助较多，在各自文章中都曾特别注明此点。还有许多研究现代文学的博士、硕士都提到过张先生对他们的帮助，很多人题赠自己的新著给他，以表谢意。其他如《沈从文全集》等重要的现代作家全集出版过程中，编辑方和出版社也都得过张小鼎无私的帮助。就我个人来说，仅仅他介绍给我认识的许多前辈作家和学者，就可以列出一长串。除了前面说的一九九五年九月鲁博那次会，比较重要的还有，二○○四年四月十七日，鲁博举行李何林百年华诞纪念会。四月七日上午，张老师专门写信通知我，这封信和其他几封他给我的信，我都一直珍藏着。——张老师的字非常有特点，他的女同学们，都笑称他的字是"梅花篆字"。可是我看到这字，就觉得很亲切。

在《中华读书报》，关于《鲁迅全集》和《鲁迅译文集》方面的讯息、文章，几乎都少不了张老师的帮助。另外，是他给我介绍了周海婴、裘沙。后来我多次采访周先生和裘先生，也发表过他们二位合写的《一部在逆境中诞生的文献——关于〈鲁迅照片集〉的是非功过》（刊于《中华读书报》1997 年 9 月 4 日第 5 版）。二○○三年十一月，巴金百岁华诞前夕，张老师为我们介绍了人民文学出版社的资深编审王仰晨先生。王先生是第一届韬奋奖获

---

① 张小鼎：《一个编审的视界》，人民文学出版社，2018 年，第 352 页。

得者，《巴金文集》与《巴金全集》两套大书的责任编辑。侯艺兵和我一道采访了王仰晨和李致（巴金的大侄，四川省出版局局长，《刘文学》的作者），也做了一个整版。更早些时候，一九九六年，张老师介绍我认识了郭平英（郭沫若小女儿，郭沫若纪念馆馆长）。这一年，是长征胜利六十年，张小鼎介绍我采访爱泼斯坦。同一年，茅盾百年诞辰，张老师给我通报消息，把我叫到会议上，给我介绍了孔海珠、叶子铭和茅盾哲嗣韦韬。那次会议上，我认识了陈福康、李频。我还记得，当时学者们开会的条件比较差，叶子铭和韦韬是两个人同住一个标准间。那次会议上，会务组有个青年学者，是叶子铭的学生，来自河南大学，即《胡适评传》《吴宓传》的作者沈卫威。

这上面所列的每一位学者，后来与我都或多或少有了进一步的来往，建立了或深或浅的友谊。认识这些人之后，几乎每个人都牵出一篇大文章，一个大"公案"。

张先生对人之真诚、助人之不倦，到什么程度呢？到了人们"熟视无睹""习以为常"的程度。这话什么意思呢？就是说，他一贯热诚助人，时间长了，人们往往就忘记了他所做的其实已经超出一般。他所做的，放到其他人身上，人们会觉得实在难得，受用不起；而他做来，大家却觉得自然，好像是理所应当。所以，他吃亏也就是自然的。

张老师身材不高，中等还偏矮一点儿，但头比较大，眼睛大，嘴也比较大。认识张先生这么多年，其实我都叫他张老师。张老师还有两个特点，或者说两个"反差"：一个是，他的专长是史料。不知道的人，也许会想当然地认为，搞史料的嘛，多半会比较古板、呆板、无趣。不是。张老师不但热情，而且活泼、有趣。另一个是，他为人极其低调、谦虚，从不争名争利争权。据我所知，他一辈子，没当过副处级以上的官儿，他的最高头衔就是人民文学出版社资料室与现代文学编辑室副主任。他不是没有机会和能力当官，他是真的不当，不愿当。二十世纪八十年代，人民文学出版社曾数次想提拔他当室主任，均被他以各种理由推辞。他看重的，倒像是什么中国茅盾学会常务理事、中国斯诺研究中心委员，都是学术虚衔，从世俗的角度讲，啥用没有。张老师却认为是自己贡献绵力、结交学界友人、不断更新自己知识结构的很好平台。他退休前后那两年，我曾听人民文学出版社的人说过，大家都为他遗憾，叹息他在《新文学史料》杂志工作了那么多年，功劳苦劳都没得说，资历也在那儿摆着，可最后连个《新文学史料》副主编的头衔都没有。他的正高职称，也是很晚才得的。他心里其实有点儿在乎职称，毕竟是知识分子嘛，但他从不去争这些东西。他真的是谦谦君子，与人无争。多年来，他写文章也不多，出了现代文学研究圈，知道他的人很少。但是，他的健谈与他写文章之少，形成强烈反差。张老师平日里和朋友在一起，胸无城府，热情健谈。我们熟了不久之后，见面或者通电话，只要起个话题，他能一直说下去，说个十分钟二十分钟不停。有时他自己觉得不好意思了，就说，啊呀，我是不是说得太多了？！然后，在我的鼓励下，又接上刚才的话头儿，继续说。

他就是这么一个纯粹的人，一个对人极其真诚的人，一个有赤子之心的人。他在这本书的后记里感慨，说是"韶光易逝，岁月无情。不知不觉间，自己竟从一个天真幼稚、充满幻想、热爱祖国的年轻学子，变为心态平和、助人为乐、步履蹒跚的老者"。可是我觉得，他一点儿也不老。

第一次见张老师，是在一九九四年三月，我来北京找工作。此前，南开的张菊香老师已经写信给张先生推荐我，两位张老师为了我的事，中间已经有过信件往还。张先生先是在人民文学出版社帮我联系，《当代》和《文学故事报》都问了，编辑室应该也打听了，但是都没成。那天应该是三月十日，下午我到南小街人民文学出版社，见到张老师。聊了一会儿，他说，"文学"看来希望不大了，你不妨去"人民"试试。他告诉我，人民出版社的人事部主任陈友和也是南开的，是校友。我就硬着头皮，自己找到人家办公室，直接敲门进去了。正巧，那天陈友和在办公室，就他一个人。他仔细看了我的简历和其他材料，聊了一会儿，问了几个问题，包括单位不会给解决住房，问我是否能接受。总共也就不到半小时。他说："你回去吧，等我们通知，大概要一个月。"后来，四月初，人民出版社发来了录用通知。又过了不几天，光明日报的录用函也来了，我就投奔了"光明"。

张老师知道我来了光明日报，很高兴。大概八月底，一个周末，他叫我去他家。那时，他住在阜成门外，一个小单元房，偏单，两室，厅很小。张老师和他夫人何老师，非常热情好客，他们一家留我吃了午饭。从此，我就粘上了张老师。

写于二〇一八年十一月三十日凌晨两点
十二月二日二改，五日改定
于免斋

马庆株：追求语法研究的品位与美质

（侯艺兵摄）

南开大学中文系马庆株教授刚刚出版的论文集《汉语语义语法范畴问题》，不仅是他个人的代表作，也堪称当代中国这一研究领域的代表性著作。书中提出并界定了许多对语法研究具有重要价值的新概念、新术语。其中如"自主动词""非自主动词""持续性动词""非持续性动词""强持续性动词""弱持续性动词"，以及"内部歧义""外部歧义"等等，都已成为"现代汉语语法学术语库宝贵的新财富"①。尹世超先生说，如果有人想通过几本书了解近年来我国现代汉语语法，特别是动词研究的进展情况，这本论文集是首先推荐的著作。

这本论文集中还包括作者那篇"十年磨一剑"的著名论文《自主动词和非自主动词》。该文"深入考察了自主和非自主这对语义范畴对动词语法功能的影响，首次对汉语动词里基本类别之一的自主动词和非自主动词进行了全面、系统、精辟、透彻的论述"，被认为"极有创见"（陆俭明语），"是现代汉语动词研究丰碑式的上乘之作"②。该文也是迄今为止现代汉语语法研究唯一荣获北京大学王力语言学奖的论文，受到学界普遍好评，被引用指数很高。

今年五十六岁的马教授生于天津静海县（现静海区），一九八一年北京大学研究生毕业，导师是著名语言学家朱德熙先生。马教授几十年的治学，形成他独特而富有成效的研究方法和研究特色。他的论文具有一种内在的"理性前冲力和穿透力"，能"透过现代汉语形态贫乏的表层，深刻揭示出其内在的规律"，"使人感受到语法研究作为一门科学所应有的品位和美质"。③

马庆株现为南开大学教授、博士生导师、天津市地名学研究

---

① 尹世超：《读马庆株〈汉语动词和动词性结构〉》，收入马庆株《汉语语义语法范畴问题》，北京语言文化大学出版社，1998年，第225页。

② 同上书，第224页。

③ 同上书，第229页。

会顾问、中国语言学会理事、中国修辞学会常务理事、中国功能语言学研究会常务理事、天津市修辞语用学会会长。他三次主持国家社会科学基金项目——"汉语动词语义特征研究""现代汉语中和语法相关的动词语义问题""近 20 年来结合语义表达进行汉语语法分析的理论和方法"的研究。专著《汉语动词和动词性结构》（北京语言学院出版社 1992 出版，1996 年重印）获全国高等学校首届人文社会科学研究优秀成果奖二等奖。另有《现代汉语教程》（副主编）、《汉语语义语法范畴问题》、《修辞语用探索——语言表达与得体性》（主编）、《语法研究入门》（主编）等成果。由于教学和科研的成绩，马庆株教授被《中国当代社科精华·语言学卷》收列。该书收列条件极严，马教授是书中介绍的唯一的六十岁以下的现代汉语语法学者。日本学者古川裕在致东方书店出版部部长朝浩一的信中称赞马庆株在"老辈大家退休后""将是下一代领导中国语言学界的第一人"。

（原载《中华读书报》1998 年 12 月 30 日）

刘跃进：从作家梦到学者梦

（侯艺兵摄）

一九七七年，刘跃进和他的许多同学一样，是怀着作家梦考入南开大学中文系的。一晃二十年过去，刘跃进已踏入人生的不惑之年，蓦然回首，才发现命运的力量，才发现作家梦已被岁月销蚀得无影无踪，只有学者梦还在支撑着自己的生活信念。

可事实上，对今天的刘跃进来说，学者梦已不仅仅是个梦了。他的《古典文学文献学丛稿》列入学苑出版社"学苑文丛"，并已经再版。此前，他的成名作《门阀士族与永明文学》作为"三联·哈佛燕京学术丛书"的一种，由三联书店出版（1996 年）。加上《中古文学文献学》（江苏古籍出版社，1997 年）、《雄风振采——中华文学通览·汉代卷》（中华书局，1997 年）等，已经得到了学术界的高度评价。他的《玉台新咏研究》也即将由中华书局出版。他的论文《论竟陵八友》《〈玉台新咏〉成书年代新证》分别在第一、第二届全国青年优秀社会科学成果奖评选中荣获二等奖和专家提名奖，论著《门阀士族与永明文学》在中国社会科学院第三届青年优秀科研成果奖评选中获得专著类二等奖。这些厚重扎实、颇有创见的学术著作不仅使刘跃进实现了学者梦，而且使他成为青年一辈学者中的杰出者。

刘跃进因为在古典文学，在版本、目录学方面有着扎实的根底，所以才能在研究中充分地占有资料、挖掘资料；又因为他勤于研究，独立思考，所以他在"竭泽而渔"地占有资料的同时，既入乎其内又能出乎其外，发人所未发，提出自己的富有学术价值的观点。他对魏晋南北朝文学史的研究，是从"永明体"的代表人物沈约入手，逐步推广到同时代的谢朓、王融和整个齐梁时代，然后上窥汉魏晋宋，下及梁陈，旁及北朝的《水经注》等书，由点到面，步步为营，稳扎稳打。这种严谨扎实的学风从他的博士论文《永明文学研究》到上述的论著都有充分的体现。近年，他把自己的研究重点又转向秦汉文学，希望能进一步扩大自己的学术视野，拓展新的研究领域。

刘跃进大学毕业后在清华大学中文系任教；一九八四年考入杭州大学，师从著名学者姜亮夫攻读古典文献学，一九八七年获得文学硕士学位；再后又从中古文学研究专家曹道衡在中国社会科学院攻读博士学位；现供职于中国社会科学院文学研究所。他说，做学术研究，一个人终其一生不过守其一点而已。小有所成，就已经很不容易了，根本没有理由为此而沾沾自喜。晏殊有词："昨夜西风凋碧树，独上高楼，望尽天涯路。"王国维先生虽称此为人生第一境界，但其实真正能进入这种境界也并非易事。从"广阔天地"到学术殿堂，他们这代人经历了一段异乎寻常的磨炼，却依然生活在理想中。

（原载《中华读书报》2000 年 1 月 5 日）

刘武：思想的刀锋切入红尘

（刘武本人供图）

刘武在他们那一辈里，是大家公认有才气的。当年不必说了，二十世纪八十年代中期，他不过二十三四，就在《文学评论》《当代文艺思潮》等杂志上发表多篇专业论文，被称为著名青年批评家。他的文章，当年是我和同学们学习的重要参考。发表在《文学评论》上的那篇万字长文《哲学时代：作为一种自足体的文学与文学理论》，我当年就读过，确实才华不凡，即使今天看来，也还很有价值。我现在还可以想起，当年那个披着长发、端着饭盒、匆匆穿越校园的我们这些小青年们的偶像。

　　后来，他的角色变了。他成了记者，曾在一个月内，在《中国青年报》上发表四个头条。他写的新闻被有的学校当作新闻写作的范本。再后来，他从《中国青年报》天津记者站来到北京，当该报的经济部主任。《生命的几分之几消耗在路上》那篇文章，就是这个时期写的，当时刚刚发表在《中国青年报》上，我就读了。一个中文系出来的人，一个刚刚来到北京这个陌生城市的人，面对北京的交通——那还是十年前——身陷重重围困之中，于是就想到生命的意义与形式，于是就把这"想"直接地表达出来，引起了许多人的共鸣。

　　委婉的表达是细致的，而直接的表达往往是有力量的。这篇文章的标题成了书名。刘武说，这本《生命的几分之几消耗在路上》（署名"达达"，百花文艺出版社，"都市杂文丛书"之一种，2005年）可以展现他近十年的心路历程。而我从中看到的人生沧桑，却不止十年。

　　说句实话，我更喜欢刘武这个名字，因为亲切。而对他的笔名"达达"，有些怪异的感觉。刘武曾在南开大学中文系任教八年，主讲西方文论、文学概论。二十世纪八十年代的文学青年，都能多少由这个名字感受到几分那时的时代氛围。那是一个西潮涌动的时代，也是一个追求个性、自由，思想空前活跃的时代。没有经过那个时代，没有一个充满生命力的青春时代，就不会有现在这样一本书；经过多少年的沉淀与伏思，多少人生的变迁与转折，中年的渊穆与平和，也难掩当年青年的锐气与才华。他"活在摩登时代"，却"脚踩思想的刀锋"，以"记者立场"描述"现代生活"。《爱情盗版》《伪文化》《城市面孔》《理想主义的窘迫》等等，无不表现了这思想刀锋的光芒。没有八十年代，就不会有这样的书。

刘武说："等我做记者之后，我又发现写作的价值分为两种。一种是为谋生，比如我写过大量新闻报道，这其中'垃圾'居多，其作用是沤成肥料，滋养我的日常生活；另一种才是为表达观念或情感，写出自己的真实感受。这本书中收录的就属于后一类。""这些文章没有一篇是因为谋生而写作的。"①

刘武后来策划、主编《中国电影报道》栏目，并担任《天下影视》栏目主编及总导演。所以，他近年来写作的作品类型也很复杂，写有诸多新闻报道、评论、随笔、诗歌、小说、报告文学等，并编导制作了大量电视片。但这样的好处也显而易见，就是他的思路开阔而活跃，对日常的现象，随时有敏锐的观察。同时，见多也必然识广，他的写作能力化作刀锋，也找到了许多很好的切入点。

他还说，"从最早开始写文章，我就是因为持有很多怀疑，想努力用自己的语言去阐释各种观念或现象，但最后发现，这种努力非常有限，更多赢得的是他人对你写作能力的肯定，而并不一定是对你表达的思想和观念的肯定。"②

在如今这样一个喧嚣的时代，能有表达自己真实感受的冲动，并形诸文字，这需要一种情怀和一种现在看来已经有点儿老式的生活习惯。尽管因为时间关系，写作难免言不尽意，但仅仅这种情怀与习惯，也足以让我感慨和感动了。

（原载《中华读书报》2005 年 11 月 30 日）

---

① 达达：《生命的几分之几消耗在路上·自序》，百花文艺出版社，2005 年，第 2 页。
② 同上。

对话

"书生报国成何计，
难忘诗骚李杜魂"

——叶嘉莹谈学术与人生

（侯艺兵摄）

叶嘉莹，1924 年生。1945 年毕业于北京辅仁大学国文系。自此，任教生涯已长达六十余年。曾先后被美国、马来西亚、日本、新加坡等国家和中国香港地区及大陆地区的多所大学聘为客座教授及访问教授。1990 年被授予加拿大皇家学会院士（Member of the Royal Society of Canada）称号，是加拿大皇家学会有史以来唯一的中国古典文学院士。此外，还受聘为中国社会科学院文学研究所名誉研究员及中华诗词学会顾问，并获得香港岭南大学荣誉博士、台湾辅仁大学杰出校友奖与斐陶斐杰出成就奖。在数十年教学生涯中培养了大批中国古典文学研究人才。主要著作有《王国维及其文学批评》、《杜甫秋兴八首集说》、《迦陵论词丛稿》、《迦陵论诗丛稿》、《中国古典诗歌评论集》、*Studies in Chinese Poetry*、《中国词学的现代观》、《唐宋词十七讲》等，影响广泛。

谈到儿时的读书经历，首当感激的自然是我的父亲和母亲。

祝晓风：叶教授，这次叶言材学长知道我要来天津采访、看望您，托我带给您的一份报纸上面有台湾作家席慕蓉女士记述你们去年一同到吉林去"寻根"的事。大家都知道您姓叶，而熟悉您的人却知道，这个"叶"是由"叶赫那拉"姓简化来的。提到"叶赫那拉"，大家都知道西太后，西太后是满族人，所以有人认为您是满族人，是这样吗？

叶嘉莹：其实这个说法不是完全正确的。我们家是旗人，但我的祖先不是满族旗人而是蒙古旗人。我家与著名的纳兰性德是同一氏族。"纳兰"与"那拉"是同一蒙古语的译音，在说到纳兰性德的时候，经常说"纳兰"，但说到慈禧太后的时候，则说成是"那拉"。纳兰氏族生活在不同地区。纳兰性德居住在叶赫地，我们家的祖先与纳兰性德是同一氏族，也是叶赫地的纳兰。我的祖先是几时入关的，我不清楚了。我在写《论纳兰性德词》的时候，曾写过一首诗，开端就说"我与纳兰同里籍"。清朝覆亡后，我们就把"叶赫纳兰"四个字只取一个字，改姓"叶"，这就是我家姓叶的由来。

祝晓风：缪钺先生在《〈迦陵论诗丛稿〉题记》中提到您的时候，说您"生长燕都，少承家学，卒业名庠"，请您大致谈谈这方面的经历。

叶嘉莹：谈到儿时的读书经历，首当感激的自然是我的父亲和母亲。先父讳廷元，字舜庸，幼承家学，熟读古籍，其后考入北京大学英文系。毕业后任职于航空署，从事译介西方有关航空的著作。及至中国航空公司正式成立，先父遂进入航空公司服务，曾历任人事科长等职。先母李氏讳玉洁，字立方，自幼年接受良好的家庭教育。青年时代曾在一所女子职业学校任教，结婚后乃辞去教职，侍奉翁姑，相夫理家。我是父母的长女，大弟小我两岁，小弟则小我有八岁之多。大约在我三四岁时，父母乃开始教我读方块字，那时叫作认字号。古人说"读书当从识字始"，父亲教我认字号时的严格教导，对我以后的为学，无疑产生了深远的影响。

祝晓风：后来，您在国外相当长的时期内用英文教书、写作、从事学术研究，据说您也是从幼年就开始学习英文了？

叶嘉莹：我大约五六岁的时候，父亲就开始教我和我的弟弟学习英文，教我们唱英文的儿歌，"One two, tie my shoe, three four, close the door"。当年，父亲还用一种拼字游戏教我们学英文。后来父亲送我读小学，是读的笃志中学附属小学，这是女校。男校叫崇德中学，都是同一个教会办的。杨振宁当时就是在崇德小学读的书——不过当时我们谁也不认识谁。一九九二年，杨振宁在南开过七十岁生日的时候，我在台上说，今天来参加寿诞的都是物理学家，而我是学中文的，但我和杨先生却有"一半同学"的因缘，说的就是这个。为什么我父亲送我上笃志，就是因为笃志小学从五年级开始学英文。我小学六年级没有上，就以同等学力考上了北京第二女子中学。

初二暑假一开学，也就是"七七事变"刚过，日本人来了，我们上学第一天，就是先改课本。那会儿历史、地理呀，都要重新涂过。所以头一天老师就告诉我们，第二天要带毛笔和墨盒。第二天新书发下来，老师告诉你打开第几页第几行，要怎么涂，要怎么改，什么"东三省"改成"满洲国"，等等。你们不是都学过法国都德的《最后一课》吗？亡国之后就是这样。

很多人说我们国家怎么样怎么样，这不好那不好——当然我们有很多缺点，但我们从那个时代走过来的人，觉得中国现在很难得，能够有这样的国际地位是很不容易的。

祝晓风：后来为什么上了辅仁大学呢？

叶嘉莹：我是以第一名的成绩高中毕业的。考大学时面临两个选择：一个为了实用，就想考北大的医学院；一个为了兴趣，就想考辅仁的国文系。辅仁招生在前，我就先考了辅仁。没有考北大还有一个原因，因为北大当时是敌伪统治，所以我根本没有考北大，就上了辅仁的国文系。

我的一生中，投注精力最多的就是教书。从一九四五年，我一直未曾间断地教了六十年书。这六十年，真的和人家比起来，我等于多教了一倍，人家教一个学校，我教三个学校。在北京是三个中学，在台湾是三个大学。

祝晓风：在辅仁大学，您遇见了您到今天还经常提起的顾随先生。您当年听顾先生的课做了大量的笔记，一九九二年十一月台湾桂冠图书公司出版的《顾羡季先生诗词讲记》，就是由顾先生的女儿顾之京教授根据您当年的听课笔记整理的。一九九五年，天津人民出版社也根据您当年的笔记，出版了《顾随诗文丛论》，这本书当时您就送过我一本。最近我为了准备这次访谈，又把这两本书读了一遍，确实受益极大。您后来多次提到顾老先生对您一生的影响，那么顾先生的这种影响主要是什么呢？

叶嘉莹：顾随先生的才学和兴趣，方面甚广，无论是诗、词、曲、散文、小说、诗歌评论，甚至佛教禅学，他都留下了值得人们重视研读的著作。但作为一个曾经听过先生讲课有五年之久的学生，我以为先生平生最大的成就，还并不在他各方面的著述，而更在他对古典诗歌的教学讲授。因为先生在其他方面的成就，往往尚有踪迹、规范的限制，而唯有先生的讲课则是纯以感发为主，全任神行，一空依傍。一般学者的著述和讲授，大多是知识性的，理论性的，而先生的著述和讲授，则大多是源于知识却又超越于知识之上的一种心灵之智慧与修养的升华。

祝晓风：您从二十世纪七十年代末回国，就开始在内地各著名大学还有其他一些单位讲课或讲演。一九八七年，您应北京五个文化团体的邀请，在国家教委礼堂讲了一共十次的"唐宋词系列讲座"，曾轰动一时。您那种讲词的方法和风格，令听者耳目一新。在您的生活中，是不是讲课、教学花去了您最多的时间？

叶嘉莹：我的一生中，在教书、研究，还有诗词创作这三者之中，教书花去了我最多的时间。我常常说自己天生是教书的。我大学毕业以后，就先后在北京的几所中学教过书，如佑贞女中、志成女中，还有华光女中，我都教过。从那时到现在，快六十年了。这些年，我在北京，还常常有我当年教过的学生来看我，她们现在也都有七十多岁了。

祝晓风：二十世纪五十年代在台湾，您好像也是从教中学开始的。但在台湾的教学活动，当时也是在一种特殊的历史环境中进行的。现在大陆学术界对这些还不是十分熟悉。

叶嘉莹：我一九四八年三月结婚，十一月就因丈夫赵东荪工作调动，随他去了台湾。一九四九年夏天，长女言言出生，这一年的圣诞节，就是十二月二十五号，我先生就被抓了。那天他放假从他们海军的左营的军区到彰化——我当时在彰化女中教书——来探望我们。就在那天刚刚破晓的时候，他就被海军抓走了。第二年，也就是一九五〇年六月，彰化女中刚刚考完试，又来了一群人，把女校长、住在校长家里的我，还有其他六位老师都抓走了。这就是当年的所谓"白色恐怖"。国民政府在解放战争中失败后，觉得从大陆来的每一个人都有"匪谍"的嫌疑，他要"保卫"台湾嘛。

我因为带着吃奶的孩子，而且从未参加过任何政治活动，所以不久被放了出来，但却成了一个无家无业、无处可归的人，就投奔了个亲戚，带着吃奶的女儿晚间打地铺睡在她家的走廊地板上。直到暑假快开学的时候，我的一个堂兄——他本来在台南一个私立女中教书，后来他找到一个公立中学，待遇更好一点儿，就辞去了原来任教的学校——他问我要不要去那所私立女中，我说好，就带着女儿去台南这个私立女中教书了。那时只求有一个谋生的地方就是了。那会儿不要说书柜书架，我连个书桌也没有。

不过，我对于古典文学那是真的有感情，也真的有兴趣。不管那个私立女中的学生程度有多么低，我讲的时候，一定要把古典诗词的好处讲出来，至于他们懂不懂是另外一回事。我觉得这不是我对得起对不起学生的事，而是对得起对不起杜甫、辛弃疾的事情。所以那时我生活虽然很艰苦，我还是尽我的力量教书。

祝晓风：后来，您到台湾大学教书，好像也是与辅仁的师友有关系？

叶嘉莹：四年以后，我先生被放出来，证明我们没有"匪谍"嫌疑。这时，因为一个机会，我和我先生都到了台北二女中教书。到台北之后，就见到原来在北京时我的一些老师、同学。你不是在北京到过察院胡同我们家，见过我家外院的一排南房吗？当年，有一位许世瑛先生，他是许寿裳先生的儿子。许世瑛的第一个夫人郭立诚是郭琴石的女儿，郭琴石先生是我父亲和我伯父的老师。许世瑛刚结婚的时候，没有地方住，就住在我们家的外院，那时我还在念中学，所以当时与这位许先生并没有来往。后来我在辅仁念书，他也在辅仁教书，教男生班，没有教过我，但是很熟知我家情况。这次在台北遇见他时，他就在台湾大学教书。在许世瑛之前，盛成先生也在我们家住过。他是二十世纪初最早留学法国的，是著名的语言学家、教育家、翻译家。一九七一年我到欧洲旅行，在法国还遇见了盛老先生。他晚年定居北京，我也去看过他。老先生已于前几年走了。

祝晓风： 我觉得这些事情，其实都有一种学术史的意义。

叶嘉莹： 还有一位是教我大一国文的戴君仁先生，号静山。现在，在我个人的网站上，还有我大一的国文作业，上面还有戴先生的批语。他们两位见到我，知道了我被关的不幸遭遇。当时台湾"光复"不久，他们两位老师说，台湾大学需要国语讲得比较标准的老师来教国文。于是，我兼职教台大一个班的大一国文。我兼了半年，他们就把我改成专任了，教两个班。两年后，许世瑛先生到淡江大学做了中文系系主任，他说"你要到淡江来教书"。我不好意思拒绝，因为他是我的老师。我就开始在淡江教诗选、词选、曲选、杜甫诗。所以，我所谓兼任，其实比台大专任的课还多。又过了两年，辅仁大学复校了，中文系第一任系主任就是戴君仁。他说，辅仁是你的母校，你怎么不来教？所以，辅仁的诗选、词选、曲选，也都归了我去教了。三个大学，说是两个兼任，其实都是专任的工作量。后来，淡江又有夜间部，也要我教。现在台湾有个作家陈映真，写小说的，就是当年淡江大学夜间部听我课的学生。其他像白先勇、吴宏一、陈若曦、林玫仪等，也都是这一时期听过我课的学生。我现在都难以想象当时怎么会教了那么多的课。

许世瑛先生那时还担任台湾教育广播电台的大学国文的课。他本来就是深度近视，后来越来越严重，就让我替他教，所以我又教了大学国文的广播课程。几年之后，成立教育电视台，又把我拉去讲《古诗十九首》。从一九四五年，我一直未曾间断地教了将近六十年书。这六十年，真的和人家比起来，我等于多教了一倍，人家教一个学校，我教三个学校，在北京是三个中学，在台湾是三个大学。后来在加拿大，虽然没有长时间地兼课，但是我就开始经常回国，又在国内教课。每年三月下旬 UBC（不列颠哥伦比亚大学）放假，我就回国讲课，有的时候是利用休假一年的时间回国讲课。所以，我的一生中，投注精力最多的就是教书。

我的一生都不是我的选择。我去加拿大不是我的选择，我去台湾也不是我的选择，谁让我结了婚呢？我结婚的先生也不是我的选择。

祝晓风：后来您到北美，好像也是因为教书的缘故。一九六六年，您到北美，是否可以看作一生中一个重大的转折？当时是怎样一种机缘，直接就到哈佛大学去教书了？我觉得这次转折，不仅对您本人有着不同寻常的意义，而且，对于二十世纪的中国古典诗词研究和中西文化交流也有着某种特殊的意味。

叶嘉莹：不错，这里的确有一段因缘。当时中国大陆是不跟资本主义国家来往的，而那时资本主义国家研究汉学的人，主要是学古典的，对中国的现当代文学不是很看重，以为中国的文化就是古典，所以研究汉学的大多是学古典的。他们当时不能到大陆，就只能到台湾来。跑到台湾，就不得了，三个大学，都是我在讲，诗、词、曲，杜甫诗、苏辛词，还有大学的广播国文，电视台的古诗，都是我在教嘛。他们就跑来听我的课。那时台大与美国的密歇根大学有一个交换计划，密歇根大学就提出要把我"交换"去，钱思亮校长就同意了，我也答应了。钱校长要我补习补习英文，我就真的补习啊，学了有半年多。

当时凡是要"交换"到美国去的人，都有一个 interview，就是面试嘛。当时美国在台湾有个"在华协会"，协会的主任是台大历史系的教授，叫刘崇铉，面试由他安排。去美国的人很多，都在那天用英语面谈。与我面谈的，是哈佛大学远东系的海陶玮（James R. Hightower）教授。海陶玮是研究中国古诗的，他问了我很多这方面的问题，这些我很熟悉，当然不成问题。下午，刘先生叫他的秘书给我打电话，说刘先生约你晚上和海教授一起吃晚饭。晚饭时，海教授就和我谈了更多关于中国旧诗的问题。晚饭后，刘先生叫了一辆计程车送海教授和我，那时海陶玮全家人都在台湾。在车上，海教授就问我："将来你愿不愿意到哈佛大学来？"我想哈佛大学这么有名，有机会我当然愿意去了。我回家了，但是海教授却没有回家，他叫计程车又开回刘崇铉那里，他跟刘先生说哈佛要请叶嘉莹。刘先生就叫秘书通知我这件事，并且说，如果我愿意去哈佛，就去跟钱校长说一声，叫另外一个人去密歇根。

第二天我去找了钱校长。当时在台湾，中文系是有很多人愿意出国的。但是钱校长很生气，他说："你怎么这样？我从去年就告诉你，我们'交换'的是你，现在都快要走了，你要改变，可是我不能跟密歇根失信。"于是我就告诉海教授，说我不能去哈佛。当时海教授正在研究陶渊明，正在写一本书，所以急着让我去，可以和他讨论嘛。海陶玮说，密歇根不是九月才开学吗，台大六月就放假了，你就先到哈佛去两个月。一九六六年的那两个月，我就在哈佛跟海教授一同研究陶渊明。本来海陶玮是研究中国古典文学的，会讲汉语，可是我们在一起做研究，他不讲汉语，而是要我讲英语。这样倒使我的英语有了提高。

九月到密歇根，一年后期满，台湾派另外一个人来，我没有延期，按海陶玮教授所说又回到哈佛。这次就不仅是研究，而且还讲课。

第一年我去北美的时候，我先生就叫我把两个女儿带出去了，这主要是他要离开台湾。因为他被关了很久，而且他确实反对国民政府，一天到晚骂国民政府，所以他被关很有道理。一九六七年，我把我先生也接到美国去了。一九六八年夏天，我来美国两年，按规定我就要回台湾了。海教授挽留，说台湾对你们这么坏，你为什么要回去呢？——这就是我这个人跟别人不一样的地方。我说，也许政府对我们不是很好，可是这三个大学的系主任都是我的老师，人家当年对我这么热心，这么多功课让我教。现在那边就要开学了，我不能把三个学校所有的古典文学课都撂下，给人家出这样的难题。还有，我老父亲已经八十岁了，现在一个人在台湾，没人照顾。所以我一定要回去。海教授就说，那你回去把那边的事安排好，明年再过来吧。就是这时我写了《留别哈佛》三首七言律诗。

祝晓风：诗中说："又到人间落叶时，飘飘行色我何之。""早是神州非故土，更留弱女向天涯。浮生可叹浮家客，却羡浮槎有定期。"十多年前，天津人民出版社的谢景林先生写过一篇关于您的长篇报告文学《明月东天》，说到一九六九年您"准备再度飞往哈佛之际，却遭到意外的打击，因种种阻难未能成行"，您本人在一些叙述中，对这一节好像也讲得比较含糊。我倒是记得多年前您曾对我讲过，当时是因为一些偶然的事情，没有直接去成哈佛。

叶嘉莹：第二年，哈佛是给了我聘书，我就到美国设在台湾的领事馆办签证。我本来第一次出国有签证，而且是多次出入的签证，所以如果我一个人去美国，是不需要再签证的。可是这次我要接我父亲，要给他办签证。可是签证官说，你们全家都走，那就是移民了。我不能给你用这个访问的签证了。他说着，就把我的签证取消了，我父亲的签证他根本就不给。我就把情况告诉了哈佛大学，哈佛就建议我申请一本新护照，先去加拿大，到了加拿大，再到美国就很容易了。

所以，前些时候在香港，有人说我很会选择，选择了温哥华这么一个好地方定居。我就对人家说，我的一生都不是我的选择。我去加拿大不是我的选择，我去台湾也不是我的选择，谁让我结了婚呢？我结婚的先生也不是我的选择，因为我先生的姐姐是我的老师，是我的老师选择了我——所以我这一生都是被动的，没有主动的选择，把我扔在哪儿，我就"自生自灭"地去成长。

当时人们对美国比较熟悉，我是连温哥华都没听说过，不知道"Vancouver"怎么拼。反正从台湾出来，到加拿大最近的城市就是温哥华。到温哥华第二天，我就拿着美国的聘书，到美国领事馆去办签证，但没有成功。我回去就给海教授打电话，说我到了温哥华，还是过不来啊。海教授他是一心想把我留在北美，好跟他合作研究。于是他就打了个电话给 UBC 亚洲系的系主任，叫普立本，Pulleyblank。说有某某人，到他们学校有没有机会。普立本教授一听非常高兴，因为那一年，UBC 的亚洲系开始有了研究所，招研究生。而当时有两个学生，是从美国加州大学来的，都是研究古典诗歌的，为了逃避越战的兵役跑到温哥华来。普立本说，他们正找不到教这两个学生的导师呢，这不是天上掉下来的吗！就这样，我就留在温哥华了。

这两个学生，其中一个硕士论文写的是韩愈，后来博士也跟我念的，论文写的是杨万里；另外一个学生写的是孟浩然。他们原来都是加州大学东亚系的，当然会说中文了。可是系主任普立本说了，我做专任教师，不能只带两个研究生，还要教其他班的课。那就是大课了，是全校都可以选的，中国文学概论，Chinese Literature in Translation，就必须用英文讲了。前两天我去白洋淀看荷花，其后又到河间市看毛公遗址，我还开玩笑说当年我在温哥华讲中国文学，是 from Mao to Mao，就是从《诗经》毛传讲到毛泽东诗词，其实就是中国诗歌简史。为了用英文讲课，我又被逼着晚上备课，查生字，经常到半夜两点。所以几十年来，我夜里十二点以前没有睡过觉。

祝晓风：您的这些经历都在您的诗词中有所表达，可是您创作的这些诗词却很少公开发表。至少前几年河北教育出版社出版的那套书就只收有您学术研究的著作，而没有您创作的诗词。我本人也只有您当年亲手送我的一本油印的《迦陵存稿》，却没有见过正式出版的诗词集，这是为什么？

叶嘉莹：我创作的诗词中，纪实的作品并不多。另外我以为，为了发表而写诗，那一定是二流的东西。我写诗，是因为我觉得心里有诗，不得不写。二十世纪五十年代，我的先生被释放之后，闲居无事，就向学校借来蜡纸和钢板，为我抄录了一份诗词稿，并且油印了十余册加以保存。到了五十年代后期，有一位名叫陈国安的淡江同学，又为了我印了三十余册打印的诗词稿。到六十年代中，当我又到辅仁大学去兼课时，又遇到了一位也在辅大兼课的南怀瑾先生。因为我们授课的时间表相同，经常同乘一辆校车往返，并在同一间教员休息室休息。我们谈话中，偶然谈到了我的一些诗词作品，南先生颇为欣赏，就极力鼓励我将其付印。与台湾的商务印书馆联系，将我的这一册《迦陵存稿》编入了该馆的"人人文库"，于一九六九年正式出版。我把这本集子题名为《存稿》，意思是说这不过是一些旧稿的保存而已。此后我又陆续写出了不少作品。二十世纪八十年代中，有一位我以前教过的学生，现在台湾淡江大学任教的施淑教授，又将这些作品抄录整理，由她出资为我刊印了一册《迦陵诗词稿》，将以前《存稿》的作品编为"初集"，将以后的作品编为"二集"，而总题为《迦陵诗词稿》。施淑本名施淑女，也早已是有成就的学者了。她的两个妹妹都是著名的作家，一位是施淑青，一位是写《杀夫》的李昂。

中国古典诗歌可以唤起人们一种善于感发的富于联想的活泼开放的更富于高瞻远瞩之精神的不死的心灵。

祝晓风：二十世纪七十年代，您出版了《王国维及其文学批评》，您以前曾提到这与您幼年即曾接触王国维的作品有很大关系，除此之外，还有什么直接的原因呢？是不是也和去哈佛有关系，因为这本书是在哈佛完成的。

叶嘉莹：一九六八年，当我要返回台湾时，海教授要我拟写一篇研究计划，为的是第二年暑期可以借此再申请重回哈佛来做研究。当时匆促间想不起什么适当的题目，于是多年前对静安先生治学途径的转变，及其自沉而死的两点困惑，就重新涌现脑中。再加上我以前曾写过一些评说静安先生的词和词话的文字，因此遂拟定了一篇有关静安先生的研究计划。不过，当时我所完成的却实在只有原来计划中的前两部分，而对于第三部分，则在八十年代后期，我曾写过一篇《论王国维词——从我对王氏境界说的一点新理解谈王词之评赏》。

祝晓风：有研究者认为，您对王国维的研究，使您在学术研究上有了一个重大转折。从那时起，您开始从学术角度，以一种更开阔的理论眼光来反思中国的传统词学及文学理论。

叶嘉莹：我自己常说我好为人师，喜欢教书，其实我更喜欢学习。对于新东西，我不知道的，我很愿意学习。所以在密歇根，我就旁听英文诗歌课，后来到温哥华，就旁听西方文学理论。旁听之后，知道有某种理论，我再找来这位学者本人的著作来读，反正我查生字也查惯了，接着查就是了。我不但读，而且是有兴趣地读，因为我觉得，在读这些西方的文学理论的时候，常常能够解决我原来在研究中国诗学、词学的时候没有办法说明和解决的很多问题。王国维在《人间词话》中解说南唐中主的《摊破浣溪沙》词，说"菡萏香销翠叶残，西风愁起绿波间"一句，"大有众芳芜秽，美人迟暮之感"。那么王国维凭什么这样说？这样说是不是可以的？《人间词话》中，王国维又用三句词来比喻"古今之成大事业大学问者，必经过三种之境界"，但是他却又说："此等语非大词人不能道，然遽以此意解释诸词，恐晏欧诸公所不许也。"这又是怎么回事？所谓作者未必然，读者何必不然。那么，读者对作品有没有"想"的权力？读者的阐释的边界又在哪里？这些，在中国传统理论中都没有答案。中国传统的文学批评一向是只言其然而不言其所以然，所以用中国传统的词学，是无法从理论上说明这些问题的。

祝晓风：中国的古典文学本身发展成熟很早，而且有举世瞩目的成就。传世的作品浩如烟海，中国的文学批评也出现得很早，但始终未曾发展成一套体系精严的批评理论。古典文学中，除了刘勰一部《文心雕龙》略具规模、纲领以外，一千多年以来，似乎没有一部更像样的具有理论体系的专门著作出现，这究竟为什么？您以前就曾提到，这对于一向以文学历史之悠久及文学遗产之丰富自豪的中国人来说，当然是一件极值得自我检讨的问题。您认为这与汉民族固有的思维方式有关，除此之外，还有什么原因？

叶嘉莹：中国文学批评的特色乃是印象的而不是思辨的，是直觉的而不是理论的，是诗歌的而不是散文的，是重点式的而不是整体式的。因此，像南朝齐梁之间刘勰的体大思精的巨制《文心雕龙》这本专著之出现，在中国文学批评史的发展中，实在是一种意外的收获。中国人喜欢从个别的事例来观察思考，而不喜欢从多数个别者之间去观察一种秩序与关系，以建立抽象的法则。所以中国的《诗话》《词话》大多是对一个诗人的一首诗或一句诗甚至一个字的品评，或者甚至只是一些与作品无关的对诗人之逸事琐闻的记述，而从来不愿将所有作品中的个别现象归纳出抽象的理论或法则。总之中国人忽视客观的抽象法则之建立，是中国文学批评缺乏理论精严之著述的一个重要原因。另外，中国人的思想乃是以儒家思想为根本的，重视实践的道德，也重视文学的实用价值。这种思想影响及于文学批评，所以衡定作品就往往以其经世致用的价值为准，而发言立论也往往喜欢尊崇往古、依托圣贤以自重。这种崇古载道的文学观，无疑也是限制了中国文学批评理论发展的另一个原因。

祝晓风：您曾说过，中国传统词学已到了不发展就不足以自存的地步。如何面对时代的严峻挑战，关键不在于传统方法或现代理论，而在于掌握理论、运用理论的人，在于我们怎样在总体上正确看待传统批评的历史合理性，同时又扬弃它。我认为，罗伯特·姚斯（H. R. Jauss）的观点有特别的启发意义，他认为，"一种曾经指导过文学研究的范式，一旦不再能满足研究作品的需要，就要被一种新的范式，一种更适应于文学研究的、独立于旧范式的新范式所取代，直到这种新范式又无法实现其对旧作品做出新解释的功能为止"。

叶嘉莹：现在年轻一代写旧诗的人，已经一天比一天减少，可是注意到旧诗的价值，想用新方法、新理论来对中国旧诗重新加以评析和估价的作者，却在一天比一天增加。在这种写作之人日少，而评说之人日增的两歧的发展情势下，有一些很值得我们反省和思考的问题。那就是我们的生活、思想以及表情达意、用词造句等等的习惯方式，都已远离了旧有的传统，而我们所使用的新方法与新理论又大都取借于西方的学说。在这种情形下，我们对旧诗的批评和解说，是否会产生某种程度的误解，这种误解又究竟应当如何加以补救，都是最值得反省的重要问题。

祝晓风：您在《中国词学的现代观》中，运用西方文学理论对词及词学做了透彻的解释。缪钺先生曾这样评论《中国词学的现代观》，称它是"继静安之后又一次新的开拓"。对您创造性地运用西方女性主义理论研究中国词学的《论词学中之困惑与〈花间词〉之女性叙写及其影响》一文，他也给予很高的评价，"体大思精，目光贯彻古今中西，融会西方女性主义文论，反观《花间》诸词"，"确实是一篇杰构"。该文运用西方现代理论，进行了成功的批评实践和理论建设，打通诸家隔阂，跨越古今鸿沟，在中西文论之间架起了一座桥梁。可是近年来，听到许多年轻人都说，叶教授所提及的这些西方理论，我们也都曾涉猎过，可是我们从来没想到把它们与中国古典诗歌联系起来。

叶嘉莹：我以为，是由于这些青年们虽然热衷于学习西方的新理论，但却对于自己国家的古典文化传统已经相当陌生，而这种陌生就造成了要将中西新旧的多元多彩的文化加以选择去取和融会结合时的一个重大的盲点。所以他们不能将这些理论和术语在实践中加以适当地运用，这自然是一件非常遗憾的事情。前些年，台湾有人把李商隐的"蜡炬成灰泪始干"，解释为性的象征，就是牵强附会。用西方理论来解说中国古典诗词，不能背离传统，不能扭曲传统。我运用西方理论，不是拘于一家，而是取其适用者，为我所用。

祝晓风：我认为，您的这些工作是从词学研究的角度、站在现代立场审视传统文化，为中国文化寻找其历史存在的价值，一方面保存古代传统固有的精华，一方面又使之得到理论化的补充和扩展，使其具有了时代的生命力。您站在现代立场，激活了古典诗词的内在意蕴。可以说，中国古典诗词，不仅会常有新的意蕴，而且应该有对新意蕴的新阐发。

叶嘉莹：我认为，首先，诗可以有多重的意蕴，多重的意蕴又出于多重的原因，而其中主要的则在于诗歌之中，词句之间、语言文字符号之间彼此的关系结构和作用产生不同的意蕴。所以要用西方的语言学和符号学来分析，因为语言就是一种符号。在诗歌中，存在一种 micro-structure，就是一种"显微结构"。例如，"菡萏"就是荷花，"翠叶"就是荷叶，但是，荷花、荷叶，都是一种日常语言，daily language；而"菡萏"出于《尔雅》，予人古雅之感，"翠叶"突出了一种对美好品质的描述。"菡萏"和"翠叶"都表示出一种美好的品质，"翠"不仅表示绿，还使人联想到翡翠、翠玉等珍贵的物品。而"香"字，也表示一种美好的品质，"香销"二字是双声，读来更是从语音上让人感到怅然。这句话中（编者注："菡萏香销翠叶残"句），有这么多美好的词语表示美好的事物，中间仅有的两个动词却是"销"和"残"，于是在这种珍贵美好的品质与消逝和摧伤的哀感的重复出现之中，这两句词所写的荷花、荷叶之零落凋残的景象，就具有了一种象喻的意味。

至于词的富于联想的特质，在于最初的花间词所形成的"双性人格"。为什么那些小词，写的是女子梳妆，却给人以其他的联想呢？"小山重叠金明灭，鬓云欲度香腮雪，懒起画蛾眉，弄妆梳洗迟。"为什么就给人丰富的联想，联想到人生呢？我认为，花间词中的女性形象，是作为主体，作为一个主体的人，在感受，在表达。而作者却是男性，所以读者就会把词中所写的"画眉""照镜"都联想成是作者的托喻。所以说，小词之容易引发读者联想，是由于小词中的双重性别特征。

而王国维以联想说词，乃是以作品的文本所传达的感发作用之本质为依据的。所谓"感发作用之本质"，这是我自己所杜撰的一个批评术语。我以为对作品中"感发作用之本质"的掌握，是理解王国维词论中的"境界"及"在神不在貌"诸说的一个打通关键的枢纽。王氏之所谓"境界"，并不指作品中所表现的作者显意识中的主题和情意，而是指"作品本身所呈现的一种富于兴发感动之作用的作品中之世界"。由此而言，只有伟大的作家，才能在作品中创造出这样的世界。

祝晓风：在谈到《现代观》的主旨时，您曾说该文"就是想从一个较广也较新的角度，把中国传统的词学与西方近代的文论略加比照，希望能借此为中国的词学与王国维的词论，在以历史为背景的世界文化的大坐标中，为之找到一个适当而正确的位置"。

叶嘉莹：我以为，真正的精神和文化方面的价值，并不是由眼前现实物欲的得失所能加以衡量的。近世纪以来西方资本主义过分重视物质的结果，也已经引起了西方人的忧虑。一九八七年美国芝加哥大学的一位名叫布鲁姆的教授，曾出版了一册轰动一时的著作，题目是《美国心灵的封闭》(*The Closing of the American Mind*)。作者在书中曾提出他的看法，以为美国今日的青年学生在学识和思想方面已陷入了一种极为贫乏的境地，而其结果则是对一切事情都缺乏高瞻远瞩的眼光和见解。这对于一个国家而言实在是一种极可危虑的现象。

至于学习中国古典诗歌的用处，我个人以为也就正在其可以唤起人们一种善于感发的富于联想、活泼开放、更富于高瞻远瞩之精神的不死的心灵。关于这种功能，西方的接受美学也曾经有所论及。按照西方接受美学中作者与读者之关系来看，则作者的功能乃在于赋予作品以一种足资读者去发掘的潜能，而读者的功能则正在使这种潜能得到发挥的实践，而且读者在发掘文本中之潜能时，还可以带有一种"背离原意的创造性"。所以读者的阅读，其实也就是一个再创造的过程，而这种过程往往也就正是读者自身的一个演变和改造的过程。而如果把中国古典诗歌放在世界文学的大背景中来看，我们就会发现中国古典诗歌的特色实在是以这种兴发感动之作用为其特质的，所以《论语》说"诗可以兴"，这正是中国诗歌的一种宝贵的传统。

我相信，宇宙间确有一种属灵的东西，我不但相信，而且感觉得到，也体会得到。

祝晓风：您近些年花了很大力气教儿童学习中国古诗词，几年前还在天津出版过一本有声读物《与古诗交朋友》，您做这些工作，主要是精神寄托，还是认为这项工作有实际的效用？

叶嘉莹：我这个人不需要假借任何外物来寄托我的精神。我做这些工作，还是觉得中国古典诗词的内在精神和兴发感动的生命，不应该中断。在中国传统文化价值越来越不受重视的今天，通过认真地学习古典诗词，可以让传统获得一种新的生命力。

祝晓风：您方才曾说，您认为顾随先生平生最大的成就，在于"他对古典诗歌的教学讲授"，这种讲授"纯以感发为主"，是"源于知识却又超越于知识之上的一种心灵之智慧与修养的升华"，这是否也是您所追求的目标？一九四八年三月，您南下之际，顾先生曾有诗相赠，云："蓼辛荼苦觉芳甘，世味和禅比并参。十载观生非梦幻，几人传法现优昙。分明已见鹏起北，衰朽敢言吾道南。此际泠然御风去，日明云暗过江潭。"多年来，您在讲台上讲授古典诗词，让人联想到顾随先生。

叶嘉莹：我之喜爱和研读古典诗词，本不出于追求学问知识的用心，而是出于古典诗词中所蕴含的一种感发生命对我的感动和召唤。在这一份感发生命中，曾经蓄积了古代伟大诗人的所有心灵、智慧、品格、襟怀和修养。所以中国传统一直有"诗教"之说。我一生经过了很多苦难和不幸，但是在外人看来，却一直保持着乐观、平静的态度，与我热爱古典诗词的确有很大关系。现在有一些青年人竟因为被一时短浅的功利和物欲所蒙蔽，而不再能认识诗歌对人的心灵和品质的提升的功用，这自然是一件极可遗憾的事情。如何将这些遗憾的事加以弥补，原是我这些年来的一大愿望，也是我这些年之所以不断回来教书，而且在讲授诗词时特别重视诗歌中感发之作用的一个主要的原因。虽然我也自知学识能力都有所不足，恐终不免有劳而少功之消，只不过是情之所在，不克自己而已。

我女儿说，唐诗宋词是我妈妈最爱的，她一生都在与诗词恋爱，而恋爱的人总是年轻的。我一生经过几次大的打击，我最早受到的一次打击是一九四一年母亲的逝世。那时我的故乡北平已经沦陷四年之久，父亲则远在后方没有任何音信，我身为长姊，要照顾两个弟弟，生活在物质条件极为艰苦的沦陷区，困难可以想见。第二次则是一九四九年外子在台被拘。第三次是一九七六年三月，大女儿言言和女婿宗永廷遇车祸罹难。其实苦难并不止这些。当年，我在台湾很多学校兼课，每天下课回来，胸部都隐隐作痛，好像肺部的气血精力全部耗尽，连每一呼吸都有被掏空的一种隐痛，还要以未曾做好家事的负疚的心情，接受来自夫权的需求和责怨。我那时对于一切全都默然承受，这还不仅是因为我过去在古老的家庭中，曾接受过以涵容忍耐为妇女之美德的旧式教育而使然，也因为当时我实在再也没有多余的精力可以做任何的争论了。而在这一段生活中，我最常记起来的，就是静安先生用东坡韵咏杨花的《水龙吟》词的头两句："开时不与人看，如何一霎蒙蒙坠。"我以为自己便也正如同静安先生所咏的杨花一样，根本不曾开过，便已经零落凋残了。不过我的性格中却另外也有着极为坚韧的一面，我可以用意志承受许多苦难而不肯倒下去，更不愿在不幸中接受别人的怜悯和同情。因此多年来我未曾向任何人透露过我不幸的遭遇，而外表上也一定要保持住我一贯的和愉平静的表现。

祝晓风：这与您信仰宗教是不是有关系？因为宗教使人谦恭。许多人虽然知道您在中国古典诗词研究方面及中国传统文化研究方面的成就，但大多数人并不知道您在二十世纪五十年代信仰了基督教。作为一位成长于中华传统文化，并且对中华传统文化有着最深刻体认的中国人，作为一位真正文化意义上的中国人，您为什么选择了信仰基督教？当时是怎样的一种情况？

叶嘉莹：我接触宗教很晚，我们家也都不信教，而且也从不和信教的人来往。上大学以后，顾随老师讲课，经常引用禅宗语录，使我对佛教开始有了一些兴趣，后来就自己找来《传灯录》

看。上大学时，曾有广济寺的和尚讲《妙法莲华经》，我去听过，多年以后，我给赵朴初老先生写的一首词里，还提到这件事。一九四六年初，我在报上看到消息，说某教堂有个春节布道会，我就跟一个亲戚去听。记得那个教士姓毕，是个女的。我当时听了毕教士所讲，觉得有道理，心里也有些感动。当时，我并不知道教士、牧师在布道的时候，也在传教，发展信徒。那天毕教士就说，刚才有谁听了我讲的，心里受了感动的，请举起手，站到前面来。我这个人一向诚实，当时确实受了感动，就举了手，又站到了前面，但当时并未接受洗礼。其后，我正式接受洗礼是在台南，一九五四年春天，我和我先生一起接受了洗礼。不久小女儿言慧出生，周岁时自然也接受了洗礼。我也曾做过"主日学"的教师，教最小一班的孩子，讲《圣经》的故事，也在姊妹会讲过。但是我女儿小慧总说我是不虔诚的基督徒。

其实，我开蒙读的书就是《论语》，《论语》对于我做人的思想影响巨大。当时听到"朝闻道，夕死可矣"，被深深地吸引，心中有一种很强烈的冲动。道是一个什么样的东西啊，怎么有那么重要，以至于宁可死去。总之我相信，宇宙间确有一种属灵的东西，我不但相信，而且感觉得到，也体会得到。我这个人天生注重精神、感情，不注重物质、身体，也许这是个缺点。但我生性如此，也只好把缺憾还诸天地了。顾羡季先生曾说："一个人要以无生之觉悟为有生之事业，以悲观之心情过乐观之生活。"一个人只有在看透了小我的狭隘与无常以后，才真正会把自己投向更广大更高远的一种人生境界。诗歌的研读，对于我并不是追求的目标，而是支持我走过忧患的一种力量。

（原载《文艺研究》2003 年第 6 期）

百年词学的文化反思

——叶嘉莹教授访谈

（侯艺兵摄）

一年来，叶嘉莹教授以"王国维《人间词话》问世百年的词学反思"为总题目，在南开大学、南京大学做了三次长篇演讲，涉及中国词学百年发展及其他文化问题，引起较大反响。二○一○年元旦，笔者专程到天津采访叶嘉莹教授，话题就从王国维的《人间词话》开始了。

千年词学的困惑

祝晓风：王国维《人间词话》的发表，可以说是二十世纪中国文学和中国文学研究的一件值得记录的大事情。其中一个原因就是，这是中国学者有意识地运用西方文学理论来解释中国文学现象的一本著作，而且很可能是第一部。时间过去了百年，站在现在的立场来看，《人间词话》对于词学的传统意味着什么？对其后的发展有什么作用？

叶嘉莹：我有几次演讲，总的题目是"王国维《人间词话》问世百年的词学反思"。《人间词话》是研究、评论词的著作，它问世百年了，这个时候，我们需要对词学有一个反思、一个回顾。一方面是向前推溯，《人间词话》发表以前，词学是什么情况，它对词学有什么继承，或者有什么创新；《人间词话》发表以后又是一百年了，那么这一百年我们对于词学的研究又有什么创新和进展。

祝晓风：越是重要的著作，越是需要放在长时段的历史坐标中来考察，才能真正认识到它的价值。

叶嘉莹：你给我列了许多题目，但我想我还是从比较切实的、比较有体会和了解的事情谈起吧。

中国古代的论述，如先秦诸子百家，他们的著作往往是一个个的寓言，一个个的故事，或者像《论语》都是片段的语言，不是长篇大论的逻辑性的思辨文字。中国传统的文学评论的语言也是如此。中国文学批评所长的是一个具体的、现实的一种感受，一种思维，不是把它归纳贯穿起来成为一种理论的东西。尤其是词这种文学体式，更加缺乏一个理论上的价值观。

中国传统对于诗和文章还有一个总的看法，认为诗是言志，文是载道。而且言"志"包括两种不同的内容，一是指你的一种理想、一种志意，比如孔子在《论语》中说"盍各言尔志"。另一个是指一般的感情活动。以前朱自清先生写过一本书，叫《诗言志辨》，谈到这个问题。

可是词是一种很微妙的文学体式。常常说词与诗有什么不同，它们不仅是形式上的不同：一个是长短不整齐的句子，另一个是整齐的句子。不只如此，从一开始，词跟诗的性质就不同。词本身是配合音乐歌唱的流行歌曲，是给流行歌曲填写的歌词。在隋唐之间就有很多流行歌曲的曲调，长长短短什么都有，而且非常通俗化、市井化。无论是何种职业、何种阶级的人民，你心有所感，都可以按照流行歌曲的调子写一首词。

我们追溯到有文字整理、刊印、编辑成书的第一本词书是《花间集》。《花间集·序》说，这些词只是整理出来的一些比较典雅的诗人文士写的歌词，是为了诗人文士在饮宴聚会的时候可以有这些美丽的歌词以供歌唱。这样的目的，第一不是言志，而是为了歌舞宴乐，跟诗的言志不一样。第二也不是抒情的——这里我是指狭义的抒写自己的感情——因为是给歌女填的歌词，不代表自己的感情。所以词在一开始是俗曲，大家都不注意、不整理。等到整理的时候，其目的则是给歌宴酒席之间歌唱的歌女一个曲辞去唱。所以它跟诗的目的完全不同，既不是言志，也不是抒发自己个人的情感。

祝晓风：这在中国传统的文学理论中，就不好用"诗言志""文以载道"来解释了。

叶嘉莹：所以中国词学的评论一直在困惑之中，尤其是在中国传统儒家思想道德的观念之中，只写美女跟爱情这种内容的文学有什么意义？有什么价值？可是很奇妙的是，这种既不言志，也不写自己感情的歌词，当它流传和被接受下来以后，反而在读者之间引起了很多的感发和联想。过去古人的词论对这种情况的发生一直是迷惘的，宋人的笔记凡是谈到词的，都很困惑，都不知道它的意义和价值。

词后来诗化了。早期的词是不写自己的感情的，到了后来东坡、稼轩时，不但写自己的感情，也写个人的志意，所以有了这一类的作品。可是在中国传统的观念中，第一层困惑是，不知道写美女爱情的歌词有什么意义和价值。等到苏、辛出现后，有了第二层困惑，这还是不是词呢？所以李清照曾批评说，像欧阳修、苏东坡这样的人，写的都是句读不整齐的诗。那这样还算不算是词呢？

其实我个人以为，词的每一次发展和变化，都与时事的变化有很密切的关系。我们先从早期的歌词来说。南唐，像冯延巳的词在伤春的表面的叙写之中，包含了很深的意思，因为南唐的局势，冯延巳做了南唐的宰相，而南唐在危亡之中。而李后主的词是个很大的拓展。李后主为什么会有这么大的拓展？为什么他能够写出像王国维所说的"变伶工之词为士大夫之词"？伶工之词就是为歌曲填写的歌词，士大夫的歌词是自己言志抒情的作品。有李后主这样的作品出现，是因为李后主破国亡家。所以小词的发展是慢慢有它深层的意思的，都与时代外在的变化有密切的关系。大家以为小词写美女爱情与时代不相关，可就是这样看似不相干的东西，它其实是相干的。

《人间词话》的理论悬念

祝晓风： 那以后的人，从词中读出了许多深意，看来也不无道理。您曾多次讲过张惠言在词学史上的重要性。

叶嘉莹：一直到张惠言编了《词选》，他把他的见解放在《词选》前面的序言中提出来。它不是给朋友写的序，不是说好话赞美人，而是表达对整体的词的体会和认识。张惠言提出了词是可以写"贤人君子幽约怨悱不能自言之情"等等，虽然他的这些认识是对的，但他为了要证明他的话是对的，他就把温庭筠、韦庄、欧阳修的小词都指实了，说温庭筠的"照花前后镜"就是《离骚》的意思，韦庄的那些"红楼别夜"，都是怀念他的祖国，欧阳修的《蝶恋花》是写韩琦、范仲淹的被贬黜。他一个一个指实，就变得很牵强、很拘板、很狭隘，所以他的说法有他的道理，但是没有得到普遍的认同。

到了王国维，他也认识到词里面有一种很微妙的作用，是非常奇怪的，就是不管它表面写的是伤春怨别、美女爱情，常常在它表面所写的这些景物情事之外，好像还有什么东西。他虽然体会到了这一点，但因为中国过去的文学批评不是逻辑性的，不是有理论的，它缺少那种逻辑性的、思辨性的批评的术语，所以他很难表达出来。张惠言也是这样，他说"不能自言之情……盖《诗》之比、兴，变风之义，骚人之歌"，"则近之矣"，大概差不多就是这样吧。

王国维认为张惠言牵强。他说"固哉，皋文之为词也"，认为张惠言的解说是死板的、牵强附会的。他所赞成的是小词可以有一种像孔子说诗那样的兴发感动的自由的联想。好的小词就是能给你这么一种联想，而这个联想有多种可能性。所以王国维说古今之成大事业、大学问者，必经过三种境界。他说的这三种境界，与原来的词已经完全不相干了。这虽然是静安先生自由的联想，可是他还说了，"然遽以此意解释诸词，恐为晏欧诸公所不许也"。他意识到这不是原作者的意思，承认这是他的联想。

祝晓风：这涉及词学中一个重要的理论问题，在整个文学理论中，对其他的文学体裁来说，也有普遍意义，即作者本意与"作品意义"之间到底是怎样一种关系。

叶嘉莹：关于"本意"与"意义"，西方诠释学称为 meaning 和 significance。我在《词学新诠》一书的第二节中曾经讨论过。至于说词里面有个东西，可是又不要用张惠言的牵强比附的说法，那么这种东西是什么？王国维说是"境界"，就是词里面有那么一个世界、一种境界。王国维找到了这个东西，并且尝试用一些西方的、哲学的说法来解释。他用了一些西方的思辨性的说法，但是根本的"境界"是什么，没有弄清楚，所以这些思辨性落实下来，仍然是模糊的。但王国维有他的贡献，就是他体会到了词的"境界"。

可是，《人间词话》还有一个缺憾。王国维说"词以境界为最上"，因为诗可以言志，可以载道，可以抒情，都知道说的是什么，可是词不好用这些来概括。于是他提出"境界"。既然用"境界"，那就用"境界"说词就好了。可是王国维说到"境界"的时候，他引用的例证却都是诗。他说"境界"有大的也有小的，什么"落日照大旗""有我之境""无我之境"，引的都是诗。那么词的"境界"是什么，他也没说清楚。

祝晓风：这也算《人间词话》留给后人的一个学术悬念。

叶嘉莹：王国维还有一个缺点，就是他不会欣赏南宋的词。他重视直接的感发的词，不喜欢南宋的词。可是南宋的词之出现，在词的发展历史上有一个必然的缘故，那就是因为词这种长短句的句法，如果都用直接的叙写，就成了大白话。凡是成了大白话的说法，变得很浅白，就没有余味了。所以当词是小令的时候还可以，它短小，话都没有说完，留给人很多联想。词的长调如果用长短句都说出来就没有余味了。所以同样写美女早晨起来化妆，温庭筠的"照花前后镜"这个可以，"新帖绣罗襦"这个也让人有联想。可是柳永写的美女起床"倦梳裹"一类的，就不能引起什么联想。就是你把这个事情用白话都说了，就没有联想了。所以后来南宋写长调的人，就要把它隐藏起来说。他不得不用这个办法，就如同我们的新诗，如果都用白话写了，就没有余味了。所以我们为什么要变成朦胧诗呢，这是没有办法。因为都用大白话，意味就很浅俗了，所以就用朦胧诗。在台湾地区，二十世纪六七十年代就是这种现代诗。这都是不得已，都是没有办法。

对南宋这些词，你要透过它这些委曲的或勾勒的手法体会其深意。因为中国古人的诗都注重直接感发。这样的词，用了很多思想、很多安排、很多刻画，王国维就觉得这个隔膜了，所以他就说南宋词是隔膜的，因为他不能体会。在王国维那个时代，他能够把西方的一些哲学的、美学的东西引用进来，这未尝不是他的一个进步，也是中国文学批评的一个进步。可是他的时代有一定的局限性。他的《红楼梦评论》是一样的，他想用叔本华的哲学讨论《红楼梦》，而不是用中国传统的索隐、猜谜的方法来研究文学。不过，王氏的《红楼梦评论》完全用叔本华的哲学来讲，也不免受到局限而有很多牵强附会之处。

我只是说王国维的"境界说"在承前启后的情况。对于以前的继承，对于以后的开拓，一个时代有一个时代的文学批评。所以我们对于《人间词话》的评价，应该是有肯定它的地方，但是我们也应该知道它不足的地方。尽管如此，我还是要说，王国维是很了不起的，张惠言也是了不起的。

祝晓风：西方有一种很有影响的文学理论，把文学研究分为外部研究与内部研究。对待传统词学的各种困惑，大概需要更多地进行内部研究。

叶嘉莹：我认为，首先，诗可以有多重的意蕴，多重的意蕴又出于多重的原因，而其中主要的则在于诗歌之中，词句之间、语言文字符号之间彼此的关系结构和作用产生不同的意蕴。所以要用西方的语言学和符号学来分析，因为语言就是一种符号。在诗歌中，存在一种 micro-structure，就是一种"显微结构"。如果根据朱丽娅·克里斯蒂娃（Julia Kristeva）的说法，语言在文学诗歌中的作用和诗歌的语言作用有两种。一种是象喻性的作用，比如我说松树代表一种坚贞的品格，或者我说美女的蛾眉代表贤人君子的品格，那么这种语言和它所象喻的意思，是固定的，是约定俗成的。这就是象喻的，有一种象征的意思。有的语言，并没有约定俗成的象征意义，比如"菡萏香销"。在诗歌历史中，很少有人说过"菡萏香销"。没有约定俗成的象征意义就不是象喻性的语言，那是符示性的语言，是通过语言的符号所表现的微妙的作用，它没有成为一种固定的、象征的性质。

而小词中除了象喻性的语言之外，有很多符示性的语言，给读者很多联想的可能性。张惠言说的都是象喻，什么蛾眉就代表贤人君子；王国维提出"境界"，可是"境界"他说得不清楚。所以我以为，如果我们现在说小词里面有一种微妙的作用，我们可以借用西方的理论，但是不必尽用西方的语言，因为我们讨论的是中国的文学批评。我认为在小词的形象和语言之中，包含了一种可能性，就是西方的接受美学提出的 potential effects，即一种"潜能"，它有一种语言当中潜藏的、可以引发读者多种联想的可能性。

至于词何以富于引人联想的特质，在于最初的花间词所形成的"双性人格"。为什么那些小词，写的是女子梳妆，却给人以其他的联想呢？"小山重叠金明灭，鬓云欲度香腮雪，懒起画蛾眉，弄妆梳洗迟"，为什么就给人丰富的联想？我认为那是因为花间词中的女性形象，是把一个女子作为主体，作为一个主体的人，在感受，在表达。而作者却是男性，所以读者就会把词中所写的"画眉""照镜"都联想成是作者的托喻。小词之所以容易引发读者联想，是由于小词中的双重性别。

至于韦庄、冯延巳的词让人产生很多联想，用西方的新的理论来说，就是每个人说话的语言，都有一个语言的环境，就是"语境"（context）。南唐的小环境是歌舞宴乐的，可是它的大环境是在危亡变乱的，所以就在歌舞宴乐的小词中反映了那种危亡变乱之中的忧患之思。那是双重的语境。我把它根本的原因说出来，这就是为什么小词有那么丰富的含义的根本原因。

用现在的、王国维以来的百年西方文学理论来说明，温庭筠的小词有很深的意思，是因为双重的性别；南唐的作品有很深的意思，是因为双重的语境。

而王国维以联想说词，是以作品的文本所传达的感发作用之本质为依据的。所谓"感发作用之本质"，这是我自己杜撰的一个批评术语。我以为对作品中"感发作用之本质"的掌握，是要理解王国维词论中的"境界"，这是"在神不在貌"诸说的一个打通关键的枢纽。王氏之所谓"境界"，并不是指作品中所表现的作者潜意识中的主题和情意，而是指"作品本身所呈现的一种富于兴发感动之作用的作品中之世界"。由此而言，只有伟大的作家，才能在作品中创造出这样的世界。

祝晓风： 您的这些工作，是从词学研究的角度，站在现代立场审视传统文化，为中国文化寻找其历史存在的价值。一方面保存古代传统固有的精华，一方面又使之得到理论化的补充和扩展，使其具有了时代的生命力。您站在现代立场，激活了古典诗词的内在意蕴。可以说，中国古典诗词，不仅会常有新的意蕴，而且应该有对新意蕴的新阐发。

叶嘉莹： 总而言之，我以为王国维比起前代的词学家来，有了一些理论的性质了。但他受了局限，他不能说得很透彻、很清楚。那我们经过王国维以后的一百年，我们有了新的知识，有了很多新的文学批评的术语，所以我们可以说得更清楚一点儿。

祝晓风： 在谈到您用西方的理论来解说中国古典诗词时，您曾说："就是想从一个较广也较新的角度，把中国传统的词学与西方近代的文论略加比照，希望能借此为中国的词学与王国维的词论，在以历史为背景的世界文化的大坐标中，为之找到一个适当而正确的位置。"

叶嘉莹：我以为，真正的精神和文化方面的价值，并不是眼前现实物欲的得失所能加以衡量的。近几个世纪来西方资本主义过分重视物质的结果，也已经引起了西方人的忧虑。一九八七年美国芝加哥大学的一位名叫布鲁姆的教授，曾出版了一本轰动一时的著作，题目是《美国心灵的封闭》(*The Closing of the American Mind*)。作者在书中曾提出他的看法，以为美国今日的青年学生在学识和思想方面已陷入了一种极为贫乏的境地，而其结果则是对一切事情都缺乏高瞻远瞩的眼光和见解。这对于一个国家而言实在是一种极可危虑的现象。

祝晓风：近年来，您运用西方文学理论对词及词学做了透彻的解释。缪钺先生曾这样评论《中国词学的现代观》，称它是"继静安之后又一次新的开拓"，对您创造性地运用西方女性主义理论研究中国词学的《论词学中之困惑与〈花间词〉之女性叙写及其影响》一文，他也给予很高的评价，称之为"体大思精，目光贯彻古今中西，融会西方女性主义文论，反观《花间》诸词"，"确实是一篇杰构"。该文运用西方现代理论，进行了成功的批评实践和理论建设，打通诸家隔碍，在中西文论之间架起了一座桥梁。可是，近年来听到许多年轻人都说，叶教授所提及的这些西方理论，我们也都曾涉猎过，可是我们从来没想到把它们与中国古典诗词联系起来。

叶嘉莹：我以为那是由于这些青年们虽然热衷于学习西方的新理论，但是对于自己国家的古典文化传统却已经相当陌生，而这种陌生就造成了要将中西新旧的多元多彩的文化加以选择取舍和融会结合时，存在一个重大的盲点。所以他们不能将这些理论和术语在实践中加以适当地运用，这自然是一件非常遗憾的事情。前些年，台湾有人把李商隐的"蜡炬成灰泪始干"，解释为性的象征，就是牵强附会。用西方理论来解说中国古典诗词，不能背离传统，不能扭曲传统。我运用西方理论，不是拘于一家，而是取其适用者，为我所用。

（原载《中国社会科学报》2010 年 3 月 18 日）

文学是捍卫人性的

——宁宗一教授访谈

宁宗一，南开大学教授，1931年生于北京市，满族。1954年毕业于南开大学中文系，后留校任教。1997年自东方艺术系退休。曾任南开大学学术委员会委员，现为武侠文学学会名誉会长。主要研究方向为中国文学史、小说美学和戏曲美学。撰有《说不尽的金瓶梅》《金瓶梅可以这样读》《宁宗一讲〈金瓶梅〉》《心灵文本》《倾听民间心灵回声》《心灵投影》《走进困惑》《教书人手记》《文馨篇》《名著重读》《文章之美》《宁宗一小说戏剧研究自选集》等专著，并撰有论文多篇。

一、"我的文学史观"

祝晓风：感谢宁先生接受访问。新近出版的《心灵投影》应该是您"心灵三部曲"的第三部。全书以心灵史的观照为核心，多层次、多侧面、多角度地展示著述者回归心灵的理念。您一直从事小说美学与戏曲美学的研究，被认为是充分认识到了中国小说戏曲的民族审美风格及其血缘关系。这本集子中，收的文章跨度较大，有几十年。是不是可以这样理解，其中有的文章，虽然发表于若干年前，但其中的主要观点，您现在仍然坚持，不过是更深化了？

宁宗一：文学研究者经常要面对的一个问题就是：文学艺术在人的生活和心灵中起什么作用？我说过，文学是捍卫人性的。底下还有一句话，就是说，人越是在灵魂不安的时候，越需要文学艺术的抚慰。从我切身的经验，还有和周围的小字辈们聊天儿，这一点我体会比较强烈。但人性这个问题，说实话，从前我受影响最大的是法国伟大思想家帕斯卡尔（Blaise Pascal）。他在《思想录》里面说，人性不是永远前进的，人性是有进有退的。人性既然并不总是前进的，我就想到，当年章培恒、骆玉明二位先生共同主编出版的一套文学史，提出过"重写文学史"，他们让我写一篇书评，后来发表在《复旦学报》。他们二位重写文学史，是想用"人性"来贯穿文学史，这个当然有他们"重写"的特点。但是既然让我写书评，我的文章就坚持不虚美不隐恶。我认为，文学是体现作家的人性的，但用"人性"来贯穿文学史，成为一条"红线"，是推行不下来的。通读全书就发现，有些觉得就有点儿牵强附会。当然这些我没完全写进去，注意了分寸和可讨论的空间。

祝晓风：我记得以前好像有人说过，"你又没写过文学史，何来文学史观？"但是我读了您的不少文章，还是能明显地感觉到您的一些与众不同的文学史观点。

宁宗一：的确有人讽刺我说，"你又没写过文学史，谈什么文学史观"？我一想，我怎么没写文学史？我教文学史这么多年，我也写过文学史。一九五四年，我大学一毕业，立刻就接过我的老师许政扬先生的一门课"中国文学通史"，在历史系讲，一年一百零八节课，从先秦一直讲到五四前。当时我把它叫作"穿靴戴帽"，就是先讲一个概况，比如先秦，就先讲先秦文学概况，完了之后，《诗经》《楚辞》，各举几篇，算是赏析，一直讲到了龚自珍。许先生给我开了三十部书的书单，让我读，还跟我讲："你不能不求甚解了，比如，《昭明文选》要一篇一篇读，特别要读李善注；郭茂倩编的《乐府诗集》，你也要一首一首地读，郭茂倩给乐府分的十二类要记住，别以后不知道《乐府诗集》有多少类。"总之，我的恩师就这么训练我，让我打好基础，不要有知识上的硬伤。直到一九五八年"拔白旗"运动，许先生一气之下病了。我既要讲历史系的"文学通史"，又接他的"宋元文学史"。慢慢地，我也有了一点儿我的文学史观，只是没发表出来。后来在"文革"中把讲稿烧了，现在觉得特别可惜，因为这里面包含着许先生很多东西。我公开表白我的文学史观，是在一九九〇年，在广西师范大学的一次关于文学史观的研讨会上，我就发表了我的文学史观。我的观点和中央民族大学的裴斐先生是相对立的，他是"客观派"，我是"主观派"，他认为文学就是现实生活的反映，而我则是所谓"心灵派"，当时两派争论不休。

祝晓风：您的观点曾经一度被批评得较多。您认为您有什么根据吗？

宁宗一：也没有被批得很厉害。讨论嘛，各说各的。现在，如果非要引经据典，那么有两段话对我影响很大。因为教文学史嘛，就得找理论根据。勃兰兑斯（George Brandes）在六大卷《十九世纪文学主流》的序言中说，文学史，就其最深刻的意义来说，是一种心理学，研究人的灵魂，是灵魂的历史。当时我就觉得它可以帮我解决很多问题。当时和裴斐先生争论，他的意思就是，离开现实生活作家是没法儿创作的。我当时就提出一个问题，就是中国从来都是"二元论"，所谓"外师造化，中得心源"，这个在唐代就已经提出来了。就是所有的创作素材都来自现实生活，但又都要经过心灵的筛选，才能进入艺术创造的过程。所以，作家的思想感情和心理的作用、心灵的作用是很大的。

祝晓风：还有呢？

宁宗一：第二个呢，是蓝英年翻译的一本小册子，魏列萨耶夫（B. Bepecaeb）的《果戈理是怎样写作的》，薄本儿，天津人民出版社出的，很早了。我为此写过一篇文章，发表在《红旗》上，谈真诚。我当时看了这本书，很震撼。因为人们读书，总是会找到和自己相契合的理论。我读这本书，里面讲到许多果戈理的"肮脏的"东西，最后引了果戈理自己的话，说："在我的许多小说里，写出了我自己肮脏的灵魂，所以我近年写的所有小说，都是我的心史。"——这给我触动很大。记得我们读果戈理的《死魂灵》是大一，是方纪先生教的。经过这么多年，读到果戈理自己说，他的作品中有那么多自己的肮脏的影子！巴尔扎克也说过，文学是一个民族的心灵秘史。所以，那些真正在历史上叫得响的经典作品，都是那些文学大师们叙写的民族心灵史，是为我们留下的精神遗嘱，当然也就是里程碑。

祝晓风：您的这个观点，对我很有启发，而且我觉得对文学的定位，又高了一层。

宁宗一：文学思维，不管是小说思维、戏剧思维、散文思维、诗歌思维，我越来越觉得，这真是上苍赐予的。当然，这不是说人类不足以有这样的智慧，而是仅指我自己的一种体验。就是当我冥想的时候，发现那些了不起的作品，真好像是有神赐的智慧似的。所以，我从来不认为，小说、戏剧、诗歌什么的，是现实生活的简单复制，那是作者心灵的投影，或者说是内心世界的外化，内心世界的自白。因为道理很简单，我们都在这个屋子，都经历同样的事，为什么你就这么写？你写的为什么和我完全不一样？为什么你就写出很精彩的小说，而我就写不出来？当然，我并不反对这样的说法，就是现实生活是内心生活的材料，是内心生活的基础，那是现实存在，这毫无疑问。但是一旦进入创作过程，我认为就是一个心灵过程，没有生活当然不可以，但最后还得是"中得心源"。中国诗学有一条铁律：拥有生活固然必要和重要，但是作为文学创作来说，心灵更为重要；仅仅拥有生活，你可能瞬间打通了艺术的天窗，但是没有心灵的支撑，这个天窗就会很快落下来。

祝晓风：这个可以代表您的文学史观吗？听说您还对您曾深信不疑的"世代累积说"表示了质疑，为什么有此转变？又和心灵史有何关系？

宁宗一：文学史观，自然涉及小说史研究。我以前曾经不假思索地接受了徐朔方先生的一个观点，就是《三国》《水浒》《西游》，这些都是"世代累积"而成的作品。这个观点有一定道理，但是我们搞了这么多年研究，经历了这么多讨论，你现在还会同意这个观点吗？现在甚至有的学者竟然说，《红楼梦》都是"家庭累积"的作品，这真是有点儿荒唐。我说一句有点儿狂妄的话，现在的文学研究，有的甚至都背离了文学的基本规律，就是小儿科的东西都违背了。徐朔方先生当时提出来，从《三国志》到"说三分"、《三国志平话》，到《三国演义》的累积——但这只是题材层面的累积，最后必须是一个智慧的小说家来写。他不仅是"总其成"，而是把它变成一部小说。这既是小说家的智慧，也是小说的智慧——这一点，没法儿累积。因为这涉及人的内心，涉及这个写作者的思想、感情，他的性格等，还有他对社会历史的认识和特殊观照的方式。所以，我现在认为，所谓"世代累积"，只能是在题材层面。至于说《红楼梦》是"家庭累积"，那是不可能的，因为思想感情是没法累积的，作者的创作灵感更是无法累积的。至于感情纠葛的体验，那只能是在人群中的"这一个""我"，去写出了自己的独特的体验。这和写学术论文不一样，比如，我们可以研究几个论点，然后由一人执笔，完成后我们一起来改。这相对还可以。但是，文学创作，特别是经典文本，只能是个人的创作，个人化的。那是不是说我否认创作中典型化的过程呢？就是鲁迅说的，把张三的脸、李四的鼻子合在一起；或者还有，借鉴前人的某些创作手法——我觉得这完全不矛盾，不在话下。总之，宝玉、黛玉爱情中的情愫能由别人代替去写吗？

祝晓风：创作过程的确是个很复杂的过程。我当年读研究生时，跟老师学过文艺心理学。我一直困惑，真实的现实世界，和作家内心，和文学作品究竟是怎样一种关系？

宁宗一：这当然是个大问题，也是极其复杂的问题，不是你我在这儿一句话两句话就可以讨论明白的。不过我总是认为，生活稍纵即逝，心灵的脉动也稍纵即逝，但心灵是和人性直接相通的。这就回到早先的命题，就是为什么越是在灵魂不安的时候，越需要文学艺术的抚慰，就因为文学艺术有一种特殊的力量。当然，前提是你必须是一个能读懂作品的人，与作品有可以契合的地方。没有这种神交，你就会和作家给予你的心灵智慧擦肩而过。

二、伟大的小说与不朽的戏曲

祝晓风：我还是想专门谈谈《金瓶梅》，尽管这部小说只是您在古典小说、戏曲研究中的一部分而已，但《金瓶梅》这部书的分量，还有您的文章在学术史上所产生的影响，足以值得让我们再来探讨这个话题。当然，作为晚辈，我问这样的问题，可能会有唐突、冒犯之嫌，请您原谅。

有人称，您是文学史上第一个从美学角度研究《金瓶梅》这部小说的。您较早介入其间，对这部书进行了重新的审视和系统的研究。为此，好像您背了不少骂名。有人说《金瓶梅》是一本不道德的书，研究它的人当然也是不道德的。有人甚至误将您对《金瓶梅》的学术研究与您的私生活联系起来，仔细寻找二者间的对应关系。对这些，您怎么看？

宁宗一：前几天也有个年轻朋友和我讲，想研究《金瓶梅》。我说，你要注意，研究《金瓶梅》可以，但不要走我的老路，人家说，这是一部不道德的书，你研究这部书，也是不道德的。人家甚至会联系你的身世！

我研究《金瓶梅》，要感谢章培恒先生。一九八二年，我们在大连参加了明清小说研讨会，大连方面想以才子佳人小说为主进行研讨，我于是就写了《〈金瓶梅〉小说观念的萌发及其以后之衍化》，也就是《〈金瓶梅〉对中国小说美学的贡献》最早的原始本。这篇文章后来又参加南开大学主持召开的比较文学研讨会，朱维之先生认为我这篇文章里涉及《金瓶梅》和《查太莱夫人的情人》的比较，所以收进《中国比较文学论文集》——但是后来我认为二者实际并不具备可比性。回过头来说大连明清小说研讨会。当时我发完言之后，章培恒正好坐在我旁边，就问我，这篇文章有主儿了没有。我说没有啊。他说，你尽快在你们学报发表。我现在正在编一本书，就是高校学报《金瓶梅》研究论文集。他说，"我等着你"。我当然受宠若惊啊，也很感动。回来，我就跟罗宗强说——他当时是《南开学报》编辑，他说没问题啊。题目就改成了《笑笑生对中国小说美学的贡献——评〈金瓶梅词话〉》。结果当时正赶上"清除精神污染"，南开的宣传部部长审核这个题目，说这个不能发。我那会儿还有点儿"左"呢，认为《金瓶梅》的性描写过分露骨，没有分寸。罗宗强后来也跟他辩解，说宁宗一不是肯定性描写，而是批判性地研究。后来又压了一阵儿，直到那阵风过去之后，发表了。这篇文章后来就收进《〈金瓶梅〉研究》。文章刚刚发了不久，宋谋玚先生就发表文章，点名批评我，说我有"溢美倾向"什么的。章培恒先生说，不要回应。我也没有回应。

祝晓风：来新夏先生认为，您"于《金瓶梅》，既不斤斤于考证作者笑笑生之生平，更不屑一顾世俗谩言《金瓶梅》为诲淫之作，而是深入发掘作者对中国小说之美学贡献以及纵观明代小说审美意识之演变"。

宁宗一：接着上边的说。后来，我又看到美国学者夏志清的《中国古典小说导论》。当时包遵信在《读书》也发表了一篇文章，也认为它是三流小说，这就激发了我的写作欲，我正要为《金瓶梅》一辩。所以，我不能算是专门研究《金瓶梅》的，我这一生做了一点儿研究《金瓶梅》的工作，应该感谢章培恒先生的鼓励。另外，《金瓶梅》的会每年都开，我总得写文章。我也感谢宋谋玚，因为他激活了我的思想。他有学问，也是条汉子。他还专门给我写过信，说我就跟张贤亮似的，就是像《男人的一半是女人》，比较关注性什么的。

祝晓风：那么，对于一位长期研究中国古典小说的研究者来说，您现在认为《金瓶梅》在中国文学史上，可以占有一个什么地位？《金瓶梅》对于后世文学的影响究竟有多大？您曾说过，《金瓶梅》是中国"古代小说史的一半"，这样的评价是不是真的有点儿"溢美倾向"？

宁宗一：后来我在《说不尽的〈金瓶梅〉》里，对"溢美倾向"这个说法做了一些解释。我说，这部书沉冤数百载，我们现在应该以一种有别于封建旧文人的眼光来重新审视它，还它以文学艺术的本来面目。要知道，《金瓶梅》是一部"黑色"小说，这在中国传统文化中是绝无仅有的。如果把文学作品，或者小说，排成一个光谱的话，各种颜色的都应该有。《金瓶梅》就是一部"黑色"小说，它是和《红楼梦》《三国》《水浒》《西游记》还有《儒林外史》这几部伟构相依存、相矛盾而存在的。从这个意义上，它就是中国古典小说的一半。后来在《心灵投影》中，我做了较为充分的阐释。

祝晓风：几年前，田晓菲出了一本《秋水堂论金瓶梅》，您看了吗？她的观点您赞同吗？

宁宗一：我看了，我觉得她写得很好。你说的"她的观点"，我知道指的是什么。她在前言中说，当读到最后一页，掩卷而起的时候，竟觉得《金瓶梅》实在比《红楼梦》更好。她还说，此话出口，不知将得到多少"爱红者"的白眼。这是独具只眼的评论。其实鲁迅早就对《金瓶梅》做过很高的评价，他说，"同时说部，无以上之"，就是说在明代没有比它更高明的了。这个论断很值得我们重视和研究啊。木心也说过，《金瓶梅》"几乎是性的陀思妥耶夫斯基——托尔斯泰，陀思妥耶夫斯基，完成了艺术，《金瓶梅》要靠你自己找出它的艺术"。甚至他还夸张地说，"要放大瞳孔看"，这也是很可玩味的话。

祝晓风：但是夏志清先生为什么对《金瓶梅》评价很低呢？

宁宗一：笑笑生和后来的吴敬梓一脉相承，就是怀有对这个世界的一种孤愤情怀。这一点鲁迅看到了。夏志清难以把握中国小说的这个传统。《红楼梦》和《金瓶梅》，一个是青春的挽歌，一个是孤愤之作。实际上，再没有比吴敬梓更清醒的了，再没有比《金瓶梅》的作者更清醒的了。夏志清是用西方小说的概念来看中国古典小说，当然会得出那样的结论。

其实，我们现在对《儒林外史》研究得也很不够，它更应该被人重视。我曾写过关于《儒林外史》的文章，虽不是得意之作，但是可以说有所发现。现在关于《儒林外史》的研究很少，硕士论文、博士论文很少有研究这部小说的。我认为，中国古代小说、戏曲，真正达到了喜剧性和悲剧性融合的，是《儒林外史》。我在一篇论文中，征引了很多外国作家关于悲剧、喜剧的论述，最后指出《儒林外史》才是把悲剧性和喜剧性融合得最好的。北大曾经有位学者，也写过一篇文章，叫《喜剧的形式，悲剧的内容》，表面上和我的很像，其实我们的理论思维很不一样。因为西方理论中，喜剧和悲剧是分开的，悲剧就是悲剧，喜剧就是喜剧。而《儒林外史》就不仅是喜剧的形式、悲剧的内容，它是达到了一种水乳交融的境界。后来，我在另一篇文章中，谈到它是一部反思之作，采用的是今日小说理论所说的"反讽模式"。反讽最大的特点，是把自己也摆进去，蓦然回首，我也在其中！鲁迅说《儒林外史》"乃秉持公心，指摘时弊，机锋所向，尤在士林；其文又戚而能谐，婉而多讽：于是说部中乃始有足称讽刺之书"。"是后亦鲜有以公心讽世之书如《儒林外史》者"。为什么鲁迅对《儒林外史》评价那么高，因为他心有戚戚焉。

祝晓风：大家都知道您几十年的小说、戏曲研究，用力最多、用时最长的是王实甫的《西厢记》。其实，您对《谢天香》的研究，我倒觉得贡献特殊。人们都知道，关汉卿杂剧中有几部作品从不同角度考察了妓女的悲剧性生活和心灵轨迹。《钱大尹智宠谢天香》也是一篇写妓女的作品，然而却受到研究界出奇的冷落，即

190

使在关汉卿杂剧的专题研究中，也仅是在漫笔中捎带地谈到这本杂剧，并几乎都是持否定态度。但您的论文却颇有力排众议的味道，充分肯定了谢天香这一形象的认识价值和审美意义。当年您的文章发表后，就得到王季思教授的称赞，认为此文"阐发出其深层的普遍的典型意义"。

宁宗一：关汉卿笔下的赵盼儿、杜蕊娘是其人生思考的一个方面；而关氏的人生体悟的另一方面，是对现实中"谢天香们"的麻木灵魂更加沉郁的忧虑，这在当时应该是一个更加迫近现实的严肃思考。谢天香的精神世界，她对自由的向往始终是这个剧着重描写的核心，而她的真正的精神悲剧，却在于她并不能具备清醒的认识，仅仅有跳出烟花火海的愿望和行动，并不就能"做个自在人"。"谢天香从始至终就未能摆脱人身依附的精神状态"，她"从来就没有获得过精神独立的幸福"。①所以关汉卿的创作意旨十分分明，即他只是写出一个身陷风尘的妓女想跳出火坑的急切心理和愿望。关氏将谢天香的"理想"只严格地规范在争取跳出火坑的层面，因为她始终在精神上未能摆脱人身依附的束缚，这就是这一人物"精神惰性"的表现。所以，谢天香这个形象只有一定的现实性，但不具有如赵盼儿等人物的理想性——然而这无损于"这一个"形象的意蕴。因为谢天香性格和精神的悲剧，既体现出准确的时代感，同时又提供了反思的基础，而这一点正是这一形象撞击观众与读者心灵的原因。

祝晓风：宁先生，在古典小说、戏曲研究方面，您曾经做过一个特别的努力，就是打通古典小说和戏曲的研究，"长期梦想"以集体之力编出一部《中国古典戏曲小说发展史》，但在《心灵投影》中，您说这个梦想破灭了。这是很让人可惜的事。可是，您毕竟还是做了这方面的工作，您的《中国古典小说戏曲探艺录》

---

① 宁宗一：《心灵投影》，商务印书馆，2013年，第298页。

这本书，就是这方面的成果。可不可以说，中国"不朽的戏曲"和"伟大的小说"是密不可分的？

宁宗一：其实这是前辈学者华粹深、王玉章和许政扬先生他们早就提出的一个研究方向。在二十世纪七十年代末，华先生就提出：一部戏曲史就是一部活的小说史，一部小说史就是一部活的戏曲史。中国的小说、戏曲与西方不同，有着自己独特的发展规律，有着很密切的内在联系。其中重要的一点，就是二者互相参定、相互作用、同步发展。小说中的戏曲因素和戏曲中的小说特色，都是很明显的。在二者成熟之后，这种紧密相联的同步发展就更加明显了。古典小说创作，引进了戏曲的艺趣意识，也就是李渔所说的"无声戏"；而中国古典戏曲所采用的幅度广而密度松的史诗结构，又可称为"小说式的戏剧"。从总体上说，古代小说、戏曲所体现的，都是中国中世纪以后城市市民的思想和意识，而宋代以后中国独有的勾栏瓦舍艺术，给二者的融合提供了极为畅通的渠道。这两者的这种密不可分的关系，决定了研究它们的不可分割性，也就是我们说的血缘关系万不可忽视的原因。

三、华粹深与我的学术之路

祝晓风：宁先生，我觉得您这一代学者，从某种意义上讲，是承前启后的一代人。你们直接接承华粹深、李何林、朱一玄、许政扬这一代学者，后启五十年代以后入大学的那一代，包括"文革"后的所谓"新三级"，真的是承上启下。您刚才还提到南开的几位老先生。就您的研究来讲，好像许先生和华先生对您的影响最大。

宁宗一：真是这样。这里，我还想重复一下，就是华先生对我们中国戏剧界的伟大贡献。这不仅是《中国大百科全书·戏曲》卷编纂者里面有着华先生的大名；其实，一九三五年华先生从清华大学毕业，他哪儿也没去，一头就扎进了程砚秋、焦菊隐等主办的中华戏曲专科学校，任文化教员。他爱带着学生们去看戏。二十世纪四十年代，他就创作了自己的处女作京剧《哀江南》，在《新民报》连载一个多月。同时，每天看戏后都隔一天发表他的听戏感受，这就是著名的《听歌人语》，它也是在《新民报》上连载的。

说到《听歌人语》，还有个小插曲。比如在谈到马连良时，就直说"马大舌头"，后来师母在看到他的书稿打印稿之后，就说："今天编这本书，改改吧，人走了还得罪人！"后来华师仙逝，书稿到了中国戏剧出版社总编曲六乙先生那儿，他说："一字不改，一定要保留原貌。"华先生在南开执教期间，担任的是明清文学史的戏曲部分，并且给我们讲《红楼梦》专题。华先生除了担负繁重的课程外，先后任天津剧艺协会副主席、戏曲编委会副主编、天津戏改会主任委员、天津戏剧编导委员会委员、天津文化局创作室副主任、天津戏曲学校副校长，一九五二年作为天津戏曲代表团团长，率队参加全国第一届戏曲会演。

就在这时，他身体力行，创作改编了好几部剧本。其中，获得文化部颁发的第一届全国戏曲观摩演出剧本一等奖的就是河北梆子《秦香莲》，后来又有获了天津市剧本一等奖的《打金枝》。另外像《窦娥冤》，现在的河北梆子剧院的蔡润导演仍然用的是华先生改编的剧本。粗略统计，从（二十世纪）五十年代到六十年代初十年左右，华先生就创作、改编、整理了三十多个剧本，这个规模可以说是太惊人了。我们编《华粹深剧作选》时，只选了九个剧本，其中包括昆曲《牡丹亭》，这是他的恩师俞平伯先生亲自校订的。所以我说华先生是集戏曲史家、戏曲剧作家、戏曲教育家于一身的大家。

祝晓风：戏曲家、戏曲剧作家已经很了不起了，您说他还是戏曲教育家，我想，这就是学术史和学科发展史的重要内容了。

宁宗一：他在天津狠抓了戏曲教育工作。他在担任天津戏校副校长期间，四处奔波，为戏校访求名师。他自己也不惮辛劳地忠实于"传道"职责，坚守在戏曲教育的岗位上。他在南开大学中文系有意识地培养学生对民族戏曲艺术的兴趣。他在课堂上，多次介绍我国丰富的戏曲遗产，阐发他的戏剧艺术观。他认为，戏曲是一门高度综合的艺术，它把中国传统艺术中的文学、音乐、绘画、雕塑、杂技、说唱艺术熔于一炉，并在此基础上创造了卓越的表演艺术。因此，在所有的艺术形式中，戏曲艺术是最充分、最集中地体现中国传统美学观念的。华师的一些学生，就是在这样的谆谆教诲、引导下，逐渐地步入了戏曲艺术的殿堂。

　　祝晓风：那您是其中之一了。

　　宁宗一：说到这里，我又回想起了二十多年前我和华师之间的一段小插曲。我是新中国诞生以后第一个留在他身边工作的助教，也许正是因为这个关系，他对我的关怀和培养，可以说是无微不至的，是他手把手把我送上了讲台。可是有一次我竟然把这位好脾气的老师惹得发了火。那是因为有一天他带我去看京剧《玉堂春》，我竟然在座椅上昏昏入睡了。戏散了以后，一路上他狠狠地"训"了我一顿，并且提醒我说："你现在正教元曲，怎么能不看戏呢？不看戏，就很难讲好戏。"也许他觉得自己过分严厉了，所以又用温和的口气对我说："剧本只是半成品，要理解一部剧作的全部构思，是很难离开舞台艺术形象的创造的。今后要多从'场上之曲'来分析作品。"从此，"场上之曲"就深深地影响了我一生的戏曲教学和研究，我后来也是以此来要求我的研究生的。今天回想起这段往事，仍然有如坐春风之感。华先生给我们的印象真是大家风范，我至今不敢也不会忘记的是华先生给我们留下的那种风度。他一生平淡，养成了那种平和的性情。他虽然出身满族贵族爱新觉罗家族，但从来没在我们面前摆过一点架子。他是朱自清先生和俞平伯先生的得意弟子，但从未打着两位大师的旗号炫耀。

祝晓风：二十世纪八十年代，南开大学成立小说戏曲研究室，当时南开的小说戏曲研究在全国都是领先的。您能谈谈当时的大概情况吗？

宁宗一：不是八十年代，是一九七九年，中文系成立了小说戏曲研究室，第一任主任就是华先生。那时候，他已经是病魔缠身，但还是带了四位研究生，其中两位是专攻戏曲史研究的。

我想说，华先生如果地下有知，会有一种永恒的遗憾，那就是华先生希望中国小说戏曲研究室能成为一个基地，希望它能培养出人才，把小说与戏曲能同步研究起来，然而未能实现。华先生在住院期间，晚上难以入睡的时候，还会跟我念叨："我牵挂的还是小说戏曲研究室。"但是今天的小说戏曲研究室已不复存在。只有朱一玄老先生"自作多情"，在每次写完文章落款的时候，都会写上"南开大学中文系小说戏曲研究室"，我早就不再这么写了。华先生留下来的文脉断了，再也不能接上了。今天说到这些，心中何等惨然。

华先生给我们留下的这个传统是一种资源，是一种精神氛围，是一种心灵的力量，总之是一笔宝贵的精神财富。

四、"当代意识"与"回归文本"

祝晓风："当代意识"是您这些年经常提到的。您的学术观点、研究方法，以及古典文学研究观照视角的反传统，都带有浓厚的时代气息，也有人常常讥讽说是"接受新潮"，乃是"过眼烟云"。您也曾公开地直言不讳表示喜欢新的东西，对国学中的考证，只认为是治学之手段，而非目的。您认为学者应与时代同步，学术研究必须与时代发展相关联，滞后不是真正的学术。请您谈谈，"与时代同步"，"与时代发展相关联"，怎么理解？

宁宗一："当代意识"和"心史"这两个观点，我觉得其实是这么多年来贯穿着我所有的教学和研究的一条线。我非常看重当代意识。有一次《文学遗产》编委会开会，徐公持先生和我对话，谈到这个问题。他支持我的观点，我认为必须有当代意识。

说到这里，想起前些日子的一个小故事。南开有个研究《红楼梦》的社团，有个小女孩给我打电话，请我去讲。我说也不用说什么讲座，座谈就行，我愿意和年轻人座谈，就去了。我讲完之后，大家提问。有个小伙子提问说，他有个事情比较纠结，"想听听宁先生您的意见"。他说，他的导师，让他现在好好补补国学，还有原来传统文化那些东西。我说，"你的导师是谁"？他说，是陶慕宁。我说，"哦，那你是我徒孙"，那是典型的徒孙。我说"我跟你导师的观点不太一样"，我说，"补的话，补不了，经史子集，太多了，你从哪儿下手？"我说"他给你开书单了没有？"我认为，第一，国学补不胜补，补不完。第二，如果光是注意补这些东西，就会忽视当代的思想、理论、思潮，还有方法。要我来看，是应该更关注当代的思想、理论，乃至思潮走向。不能否认，当代的成果是很多的，问题是你怎么来看。比如资中筠先生，她就很有思想，你们应该多关注这些。这就又说到我的所谓"反观论"，就是你有了当代意识后，你来反观传统文化、反观历史，你的头脑会更清晰，看得更分明。你就站在了制高点上。当然，我那个"即席谈"是有特定的针对性的，并不是我一味反对补国学的课，我更多是想强调思想或"当代意识"的重要性，尤其是在他们的研究生阶段。

祝晓风：那您说的"当代意识"到底指的是什么？

宁宗一：我所说的当代意识，就是指现实的精神、当代的感悟，一种科学精神。它不是一种时髦，是一种科学态度，就像我们说历史意识。什么是历史意识？历史意识就是尊重历史的真实，强调历史感。研究历史你就要有历史感。马、恩就特别赞赏黑格尔的历史感。在这一点上，我曾跟一位先生有过分歧。这位先生曾经发表文章，主张"还原历史"，而我认为历史无法还原，永远还原不了。我的意思是，如果你回归文本，借助文本来研究历史文化，是可以的，但如果进一步解读历史，那每个人有每个人的解读。人们能逼近历史的某些地方，就不错了。

祝晓风：坚持文学本位和回归文本，可以说是您治学策略的两个特点。我理解，您所讲的"回归文本"，不是通常所说的对作品做认真的考辨和清理，以"无一字无来历"的精神求得作品的真谛；而是对原著的描摹，对原著精神的审美把握。任海天曾归纳说：前者是重在清理，是去伪存真，而您的回归文本却是重在感悟，是探骊得珠；前者是文献学的工作，而您（所做的）则是艺术美学的工作；前者靠的是实在的功夫，而您依凭的则是灵性或曰灵气。这种以灵性体悟为途径的回归文本，不能不说是一种"另类"的回归文本，然而这一切又都是坚持文学本位，而又不失解读文本为第一位的方略，这自然有特殊的贡献。

宁宗一：其实，"回归文本"的重点只是表示我非常重视对经典文本的深阅读。而所谓经典文本，我认为，在多重含义下，应是指那些真正进入文化史、文学史，并在文化发展过程中起过重大作用，具有原创性和划时代意义以及永恒魅力的伟大精神产品。我们结合中国传统的戏曲艺术，可以看出，戏曲的经典文本都是那些心灵化、审美化的，即对生活所产生的心灵感应的袒露，又必然是精神与情智发现的意蕴性的审美积聚。

祝晓风：说到对经典文本的深阅读，我想起当年您在《读书》杂志上发表文章，就钱锺书先生《管锥编》里的一个观点提出不同意见，说是纠错也不为过。钱先生把"是个中人"，理解为"是个""中人"，而"中人"就是妓女。您认为，这句话应为"是""个中人"。"中人"，这是当时人们回避妓女之称，而用"个中人"，即此中人了。您这一辈学者，这一点就很让我敬佩，就是坚持自己的学术判断，不迷信名家，而且学者之间有那么一个可以正常讨论对话的状态。您还写过一篇文章，副标题是《读陈寅恪的〈读《莺莺传》〉》，不同意陈先生的说法。我认为您这篇文章里的观点还是很尖锐的。只是我觉得此文过短，有的观点您还可以展开来谈。因为，近年追随陈先生走"以文证史""亦文亦史"这个学术路数的文学研究者越来越多，我觉得这是一个很值得探讨的问题。

宁宗一：我现在还是认为，陈先生的学术眼光大抵还是史家之眼光。他的"亦文亦史"、文史交融的实践，只能是陈氏史家之学发展到一个新阶段的标志，而不是文学性的研究和审美批评。我曾坦言："对文学的研究，忧虑的恰恰是取消'文学'，因为任何对文学审美的消解，都是对文学研究的致命戕害。"[①]观照史和文的时候，如果完全用史家的眼光来看文学作品，总是和文学、和人的心灵有一定距离的。我还是认为，现在更需要用审美的眼光，把人性变得更温暖一些。一言以蔽之，不要对审美失去耐心。

五、面对传统与回归文学

祝晓风：您怎么看中国的文学传统，或者说中国古典小说的传统？

宁宗一：传统文化作为自在之物，它在不同的人那里，会表现出不同的价值和意义。它对这个人是好的，对另一个人未必就是好的。这不是说没有一个客观标准，而是说，接受主体的作用是很大的。你的才具、你的思想，对你接受它是起很大作用的。如果就按过去说的那几条，教条的、封闭的那几条，那传统文化就是僵化的了。而实际上，传统文化几千年来一直是流动的，它在不同的人那里有完全不同的意义。在各个时代、各个人群、不

---

① 宁宗一：《心灵投影》，商务印书馆，2013年，第26页。

同的学者那里，接受的主体完全不一样，解读也完全不一样。有的生发出很好的、很精彩的东西，比如陈寅恪先生，他用他治史的"发现"意识，生发出许多精彩的东西，但那得是陈寅恪才行，咱们没有这种发现，因为我们没有这种才具，没有这种基础。所以说，"恶补"是补不了的，相反会失去当代很多东西。这种吸收，其实是正反两方面的，不仅是从正面的吸收，从反面、从别人的失败的地方、从别人的败笔中想到如何反观其失，从而超越它，这也是一个"吸收"过程，也可以吸收许多，而不是说只有成功的东西可以给创作者滋养。这就是艺术的辩证法。你看许多经典作品中，都有这种对前面作品的反拨。

祝晓风：此话怎讲？从"反面"如何吸收呢？

宁宗一：我们看一些长篇叙事作品，比如长篇小说，我们会发现其中有一些矛盾之处，一些可以修改之处。为什么？不是这个作家忽视了什么，而是一个长篇叙事作品，其中必有作者的得意之笔，也有作者的失意之笔。那个得意之笔，他舍不得删。这种矛盾之处，我相信就是作者不愿意删掉他的得意之笔。作者当时写的时候，不是为了给一般普通读者看的，也许只是为了给某人或某些人看的。我看了，我懂了，就够了。这就是作家的创作自由吧！

祝晓风："被规范"的过程，是向经典看齐的过程，也是一个创造性逐渐递减的过程。

宁宗一：经典文本，第一，是要经过历史的筛选，最后进入文学史、文化史。第二，你要有原创性。《三国演义》在演义小说中，原创性是非常突出的，后来的几百部演义小说，没有能超过它的。第三，可以套用马克思在《〈政治经济学批判〉导言》中所说的，希腊神话是人类历史上不可企及的高峰。怎么理解这个"不可企及"？是不是马克思给希腊神话的评价太高了？我的理解是，任何一个时代，都有那个时代最完美的形式，用来表现那个时代人的心灵、人的思想感情，还有社会生活，而那个时代、那些人，一去不复返了。于是它所表现的一切，也都不可重复了。如《红楼梦》，现在人们再写那个时代的生活，不可能超过《红楼梦》了。还有《水浒传》，现在社会有黑社会，北宋时代也有黑社会，但那个黑社会和现在不一样，有一种豪气。我还是爱看《水浒》的。当然也不能小觑历史的筛选作用。明清小说好几百部，那么多，最后好的，也就是那么几部。还记得一九七八年，我住在人民文学出版社，改《中国小说史简编》，当时修改自己作品的还有冯骥才、刘亚洲、叶辛。叶辛和我说得比较多，说小时候他母亲每月给他两块钱作零花，但都用来买书了，全是巴尔扎克、陀斯妥耶夫斯基、托尔斯泰、海明威……他说，越看不懂越过瘾。后来他到贵州插队，写出那么多故事，这就是受经典的滋养。我现在也跟年轻学生们说，读经典作品，可以给你树立一个标准，以后再看其他作品，你就知道哪些是好的，哪些是不入流的，你就有一个尺度了。现在如果让我选（收入）大学语文教材（的作品），那我肯定选鲁迅的作品，选《白杨礼赞》，选《包身工》，这些都是经典作品。——是不是说得有点儿远了？

祝晓风： 说得不远，这涉及一个经典化和再经典化的问题。

宁宗一： 反正现在正是一个各说各话的时代。但我总是坚持认为，经典是需要有个门槛的，这是我们老祖宗给我们留下的经得起推敲的作品。不管说是里程碑也好，精神遗产也好，我们都应当对它们保持一份敬畏之心。对不住，现在有些作品，没法儿让我对它有敬畏之心。

祝晓风： 您怎么看传统文化？

宁宗一： 这么多年，我一直在摸索，现在虽然已经"摸索"不动了，但我仍然没有放弃，没有放弃当代意识。我们和我们的上一辈学者，或者上上辈学者不一样，他们从小就学习传统的那一套东西，不存在古不古的问题。你们这一代就更是如此。如果为了补过去的东西，把当代的应该学习的东西也丢了，而过去的东西也未见得补得怎么样，那就得不偿失。我认为，传统文化就是个精神流动体，它作为自在之物，没有什么优劣。我曾经写过文章，批评一种观点，就是"弘扬"传统民族文化。中国国情就是这样，很多地方还需要扫盲需要启蒙呢，很多普通老百姓连屈原是谁都不知道，您怎么弘扬传统民族文化？教育的滑坡，失学群体的大量存在，使我感到还是从扫盲和启蒙开始吧！至于精英知识分子，那就是开启你的智慧，给传统文化以新的阐释的问题。

祝晓风：这个看法未免太悲观了一点儿吧？

宁宗一：也不能这么说。如果你抱有一种开放的心态，把自己摆在历史文化长河的流动中，那么，你对传统文化或许会有自己的发现。

祝晓风：最后我还想问一个问题，就是在当下，古代戏曲的生命力到底在哪儿？

宁宗一：我也一直思考，戏曲艺术在今天还有哪些意义，或者说有哪些"现实意义"。思考这个问题，也许可以为戏曲，特别是古代戏曲的研究寻找一个可能被认同的切入口。我觉得有这样几点：首先，是营养心灵。古代戏曲的永恒魅力正是心灵"空筐"所需求的富有生命力的营养。由于有血肉之躯的直接面对与交流，心灵的营养使戏曲艺术在长期流播过程中具有直观性，于是他在捍卫人性的真善美与荡涤人性的假恶丑的对照中，使心灵充实，使人性中的尊严得到张扬。

其次，是大智慧的赋予。伟大的戏曲作品，都是智慧者写出智慧，给观众和读者以智慧，特别是审美智慧，所谓"慧光所及，智珠朗照"。因为戏曲艺术的大智慧永远与生命的炽热和燃烧后之艺术之美结缘。

再次，是古代戏曲的原创性。任何戏曲伟构，都是独创的，更是前无古人的，也是不可代替的。它们一旦横空出世便不可重复，并走向不可企及的艺术高峰。它们都形成了自己的空间，从而又为以后的戏剧创作提供了永恒的范本。

最后，这些戏曲可以作为探寻古代戏曲家心灵史的最丰富的资源。从戏曲文本到舞台搬演，你可以看到它们的作者在思考什么，有什么突破性的人生发现与人性认识。对于今人来说，一位古代戏曲艺术家的每一行文字都不是无用的，都是他们心灵的见证。只要这位作家用真实的心灵去写作，心灵必然就是他的创作内核。

祝晓风：您认为，目前中国古典小说研究的主要问题在哪里？瓶颈在哪里？还有哪些可待开拓的领域？

宁宗一：我觉得，现在最主要的问题，还是刚才我们已经谈到的，就是文学还是要回归文学。再具体一点儿讲，我认为需要有三个转换：一是从微观考据向宏观把握的转换；二是从表象观察到深层透视的转换；三是从对某些事实的描述，转向对意义的追求。我是这样想，上苍既然赐给我们人类以审美的智慧，而文学的精魂又如此富有魅力，我们不懂得去享受，或者不去享受，那不是很可惜的吗？我们现在缺乏理论和哲学，所谓"理论的贫困"和"哲学的贫困"，但我们更缺乏的，也许还有审美的耐心。

祝晓风：谢谢宁先生！

（原载《文艺研究》2015年第1期）

探索中国特色的古代社会

——朱凤瀚谈《商周家族形态研究》

朱凤瀚，江苏淮安人，1947年生于北京。1988年在南开大学获历史学博士学位。1990年任教授，1995年任南开大学历史系主任、人文学院副院长。1998年任中国历史博物馆副馆长，2000年任中国历史博物馆馆长。现任中国国家博物馆常务副馆长，北京大学、南开大学历史系博士生导师。兼任南开大学学术委员会委员、北京大学历史系学术委员会委员、北京大学中国考古学研究中心与中国古代史研究中心学术委员会委员。主要从事先秦史、古文字与青铜器研究。著有《商周家族形态研究》、《古代中国青铜器》、《先秦史研究概要》、（与徐勇合作），并主持编辑了《西周诸王年代研究》。

祝晓风：朱先生，看到您的这本新书，我很感慨。十二年前您接受采访的时候，送了我这本书的第一版。十多年的时间，您还在修订一本书，这种学术精神，在现在这样一个时代，这么一个学术氛围中，实在太罕见了。从这本书第一版出版，到现在已经十四年，现在您如何评价自己这本书的价值？或者说它的学术史意义？您这次的增订本，是否对书中的某些具体观点有所修正？

朱凤瀚：学术史是个大范畴，个人著作只是其中一个体现。这本书的写作背景，反映了一个史学研究的时代氛围。我开始写这本书，是在（二十世纪）八十年代中后期，选这个题目，所得出的认识则与七十年代末八十年代初伴随着中国改革开放的大变动、学术界也产生重大演变的那样一个学术背景是分不开的。当时是那样一种形势，史学研究范畴由传统的比较单一的政治史、经济史扩展到社会史。研究方法也有很大变化，由原来的史论打头、史料作注，转向更加注重"实事求是"，重视"论从史出"，国际学术界的一些有价值的新理念被引入。这本书原先的一些具体看法，未必都是允当的，但着眼点在选题，在于实事求是地分析历史上的重大问题——如中国古代国家形态中的血缘组织及相联系的宗族观念的作用；在方法上，是在先秦史研究中，注重多学科交叉、多种史料的参照运用，这对于激活中国古史研究是有促进作用的。这本书当然也有缺点，但是它的主要观点、研究方法，还是被大家承认的。这本书特别为十余年来青年学者所瞩目，得到他们的赞许，可能正是因为上述原因。

祝晓风：是不是也有一些不同意见？或者说学术批评？

朱凤瀚：当然有，但一般都是较微观的。比如有几位学者就曾指出了本书中对甲骨文与西周金文及文献的某些理解问题。

祝晓风：为什么选择在原来的篇幅之外又写续编的形式呢？

朱凤瀚：这本书出版社约了我好长时间，二〇〇二年就和我说，但就是没时间来做这个工作。原来出版社是说再版，我想再版没有什么意思，还是做个订补。对上一版，我做了部分勘误，主要是改了一些文字与文句上的硬伤，包括这些年来其他学者在论文中指出的不妥之处和自己发现的错误，特别是一些古文字释文的错误。同时加了不少插图，没有图，读者检索起来比较困难。但是原来的框架没动。这个原因，倒不是说学术思想没有发展，也不是说没有新的学术发现，而是觉得当初研究时的基本思路和这本书的基本构架，好像没有必要做大的修改。一些主要观点，比如商周家族基本形态特征与对商周社会的作用等等，没有什么改变。因为这本书反映的是我当时的学术思想，今天再重新审视，感到不必做大改动，实际上也还是在这个课题上做了反复的思考后的认识。从这个角度来说，对我个人来讲，也有点儿学术史的味道了。——所以刚才你说，这么多年还在这一个题目上做研究而没有脱离开，还在修订，这才是做学问的精神，我想也可以这样说吧。

祝晓风：续编的集中写作，听说就是利用前年闹非典的那一段时间了？

朱凤瀚：是这样的。二〇〇三年非典期间，四到六月间，我们馆闭馆，社会活动也骤然减少，我哪里也去不了。非典对我们国家当然是一场灾难，但对我，倒是意外得到大概两个月时间，能比较安静地做了修订，写出了续编。

祝晓风：增订本的具体观点，是否也有修改？有所发展？

朱凤瀚：具体观点当然有修正，比如对商晚期"臣"的看法。现在看来，称"臣"者未必皆是奴隶，而可能是最初的家臣，为贵族服务的家臣，西周时这种制度又得以有更大的发展；而（陕西)眉县杨家村窖藏青铜器资料则加深了对西周贵族家族的认识。再有就是几个商周大墓地的发现。春秋以前，墓地在很大程度上反映了家族结构与等级状态，最近几个大墓地的发现补充了很多材料。（河南)安阳花园庄甲骨发掘出的非王卜辞，很生动地反映了商代家族结构，使我们对商晚期出身于王室的贵族家族的规模与诸贵族家族间的等级差异，有了更深刻的认识。在续编当中写出了我读了这些新资料后的认识。和其他断代史学不一样，这也是搞商周史的一个有利的地方，就是总有新东西出来。

祝晓风：从一个更大的学术史背景来讲，这本书似乎还不单是反映带时代性的研究范畴与研究方法的变化，而且牵扯到对一些重要史学理论问题的看法的深入与研究态度问题。

朱凤瀚：是的，我在一九七八年春才上大学，当时年龄已经很大了。那时上课，教材讲商代是奴隶社会，讲大墓里的殉人都是奴隶。这都是正统的观点，我们当时也都相信。可是到一九七九年初，我为读研究生，开始钻研甲骨文，钻研金文，分析商晚期的墓地，看了很多原始的第一手的材料后，发现情况并非如此。我在读大学期间发表的《殷墟卜辞中的"众"的身份问题》一文明确指出了"众"的阶级身份应该是平民。作为商代社会的主要生产者是平民。那么这样的社会与奴隶社会应该是有区别的。史学的认识，还是应该从事实出发，这就促使我不得不重新思考。

比如，二十世纪七十年代末以前讲国家，什么是"国家"？一是血缘关系变为地缘关系，由血缘统治变为地缘统治，居民血缘关系被打破，国家通过地域性的行政组织来统治；再有一个就是国家机器。这大致是对恩格斯在《家庭、私有制和国家的起源》中的基本观点的理解。当时讲到中国古代的国家，也这么讲。但中国商周社会早期国家的实际情况却是：国家虽建立，血缘关系仍然很强，贵族的家族势力在国家政治生活中仍然起很大的作用，家族主义很浓厚。过去讲中国古代帝王家天下，这个根，显然在商周。由家族研究来认识国家与社会形态，可以说是我当时研究中国古史的一个思路与目的。

祝晓风：关于商周家族研究，二十世纪三四十年代孙曜、胡厚宣、丁山等都有论著，六十年代张光直《商王庙号新考》一文发表，但商周家族研究成为学术界的一个热点，确如您所言，是在改革开放以后。十二年前您接受我采访的时候，曾说，您的《商周家族形态研究》的出发点是：战国以前的家族是当时社会活动的基本单位，个人的意志往往湮没于家族群体之中。商周社会形态以及国家结构形式、政体、政权结构、军事组织、经济制度等诸多问题皆可从当时的家族形态及其制度这一角度进行分析。看来，当时社会确是一个非常有特色的社会发展阶段。那么您认为进入文明时期的先秦社会在中国历史上有一个怎样的地位呢？

朱凤瀚：我觉得先秦是非常有意思的一个时期，非常重要。中国历史，史前是一个大的段落（史前史的研究现在实际还是落后的）。进入文明历史阶段后，夏（这个时期的情况现在实际上还不能深谈）、商到西周、春秋是一个大段落。在这个历史时期，中国社会有几个重要特点：在政治体制上，世卿世禄，贵族世袭；再有即是，西周建立了典型的封建制，把贵族逐级分封到土地上。贵族对所占有的土地上的人民有政治统治权与经济支配权，政治权力与经济权利结合。还有劳役地租，农民自己有用以维生的土地，又必须到贵族的土地上以集体服劳役的方式干活，受贵族的剥削。自春秋中叶以后，世卿世禄变成官僚制，平民可以当官，像战国时苏秦、张仪都是凭自己的辩才得到重用。再后来，国家靠科举从不同社会阶层中选拔人才。在政治上，封建制度变为郡县制；在经济上，劳役地租变为实物地租，农业上是以地主经济为主，也包括国家地主，很多土地是国家给予的，国家直接把土地分给农民。这些剧烈的变化发生在春秋中叶后到战国初期。所以可以说，先秦是中国古代社会剧烈变动的时期。秦以后的政治、经济模式在这个历史时期的最后阶段（即春秋、战国时期）的大变动之中已经奠定。而从秦汉直到清代，中国的社会政治结构与经济形态的变化基本上可以说只是一个量变而非质变的过程。

在二十世纪五六十年代乃至七十年代后期，囿于当时的情况，我们对古代中国那一段历史的认识都比较肤浅，甚至于不论是大学生还是中学生，学历史都感觉比较枯燥，死记硬背一些概念。其实中国古代社会是很生动的。现在如果写一本商周历史的书，内容也会十分丰富的。

祝晓风：最近十多年，先秦史研究都有哪些新成果？其中哪些对您的研究有比较直接的帮助？

朱凤瀚：首先，在研究理论上，学者们更加重视马克思主义实事求是的原则，对先秦时期的国家形态、社会结构、生产关系等方面的研究，都有了长足的进步。其次，方法上，在狭义历史学与考古学及自然科学的方法、手段的结合方面迈出了很大一步，而其"革命"的力度，超过了其他史学分支。

还有，近年来的考古学发现，大大促进了对中国古史的了解。有关文明起源问题的发现与研究，深化了对中国文明形成原因与过程的认识。比如，充分认识到多元文化的交流是中国文明形成与发展的重要因素。商代考古的新发现，加深了对非常重要的商文明发展特性的认识。近年来一系列西周考古发现，使我们对西周封建制与封国历史有了古人不可想象的新认识。地下出土的竹简帛书，不仅丰富了先秦社会历史与思想史的史料，也启发了学者如何正确认识古代文献的形成过程及其学术价值。

祝晓风： 二〇〇三年第一期的《历史研究》上，您在《论中国考古学与历史学的关系》那篇文章中认为，中国原史、历史考古学与利用文献进行研究的狭义历史学间，不应人为地相互封闭，而应建立一个科学的结合点。同一期上，谢维扬教授发表长文《二十一世纪中国古史研究面对的主要问题》，谈到中国古史研究如何取得突破性进展。那么您认为，目前中国古史研究面临的主要问题和挑战是什么？

朱凤瀚： 中国古史研究要深入发展，要与时俱进，除了研究方法、手段等方面的问题（这些在上面已经涉及）外，自然首先要解决理论问题。如何理解马克思主义的活的灵魂是实事求是、具体问题具体分析的这个原则，我想是个关键。这关乎对历史上许多事物的科学认识与评价。

祝晓风： 比如，二〇〇〇年，您在《历史研究》上发表文章谈到对中国"封建"社会的理解。

朱凤瀚： 从专业的史学研究角度来看"封建"，它的原始意义自然是一个政治范畴，所谓"封邦建国"。这一点，大家并无异议。当然如果是作为一个社会的称呼，即应该包含与此种政治制度相应的经济社会形态。当中国社会进入我们现在通常所说的"封建社会"的历史时期之后，原本意义上的封建实际上已经衰落了。有的学者说，不能说中国古代没有封建社会，这个观点我同意，但是似应把这个封建的含义说清楚。典型的封建社会应该是西周（至春秋早期），而这个原本意义上的封建社会的一些特征，如世卿世禄、封邦建国、劳役地租，显然已非战国以后社会的特征。如果说，因为长期以来中国理论界已习惯于这样称战国以后的中国古代社会，已成为一个约定俗成的概念，自然亦无可不可以的问题，但那是另一回事，不应影响我们对"封建"作为古代中国一项重要的政治制度及相应的经济社会形态的本质的正确认识。

祝晓风：您是在强调，做历史研究要从事实和材料出发。

朱凤瀚：是这样的。但是在很长时间内，我们的一些研究却是将经典著作中对某些具体问题的看法作为普适性理论，去剪裁史实。历史唯物论揭示了人类历史发展的基本规律，但并不排除不同民族、不同国家文明历史发展的个性与特殊性。而且，历史上的许许多多生动的、独特的社会形态特征，也需要我们做更深入、细致的研究分析。就中国古代社会而言，在马克思主义经典所指出的人类社会发展共性趋势下，也有其许多自身特性。因为它植根于中国地理、气候与人文背景中。中国既然是世界上几个古代文明独立起源的地区之一，有着特定的历史背景与地理环境，那么对其具体社会发展情况、社会形态就不宜简单地套用西方的模式。我们现在在建设的不也是"中国特色"的社会主义吗？为什么两千多年前的古代中国，它的社会历史发展就一定要与西方一样呢？在与世界其他古代文明比较的过程中，正确地阐释中国古代文明与阶级社会形成的过程，深入探索中国先秦社会的形态特征与不同历史阶段的演化情况，正可以丰富对人类社会历史发展规律的认识，有助于说明中国古代文明对人类文明史的贡献，说明人类文明的进展是多种文明、多元化的文明相互交流、互动的结果。如果说古史研究的现代意义，我想这正是一个。

祝晓风：多学科的交叉，是否将会大大有助于中国史学的发展？

朱凤瀚：我给博士生所开设的课程中有一门叫"先秦史研究中的多学科交叉方法"。我们任何一个人的知识面都是有限的。从我自己狭窄的知识面来说，在研究中，我可以运用历史文献学、古文字学以及部分考古学的知识，理论上包括文化人类学、社会学等等，但也基本上限于人文科学及社会科学范围内。真正意义的多学科交叉，应该是人文、社会科学和自然科学的交叉，这就不是我们一般的哪一个人所能够做到的了。"夏商周断代工程"的阶段性研究结论这里不谈，但是我觉得，组织这个研究，有一个好处，那就是把多种人文学科的学者与许多自然科学家集合到一起，真正做了一种广泛意义上的多学科交叉，这是很有意义的。我本人即从中学到了许多新的知识与研究方法。

（原载《中华读书报》2005 年 3 月 9 日）

学者访谈录

本部分对受访学者的介绍文字，仍保留当年发表时的文本。

学贯中西 艺达古今

——访叶嘉莹教授

（侯艺兵摄）

最早读叶先生的文章，是在一九八六年，当时《光明日报》连载《迦陵随笔》。那精湛的分析、优美的文笔直觉地感染了我。我将十几篇文章都剪辑下来，带在身边。不曾想这次叶先生来南开讲学，以《迦陵随笔》为讲义，偏偏她手头差的一篇我这里有，还派上了用场。我很早就想当面聆教于先生，这次终于得到一个机会。

一九八二年缪钺先生在《迦陵论诗丛稿》的题记中曾评价说："博览今古，融贯中西，含英咀华，冥心孤往，以深沉之思，发新创之见，评论诗歌，独造精微，自成体系。"叶先生较早地用现代西方理论分析中国的旧诗词，及至二十世纪六十年代末七十年代初，台湾地区用现代观来评析古典诗词突然盛极一时，有人就说叶先生是"这种风气的'始作俑者'"。而实际上，叶先生与那些赶新潮的人并不一样。叶先生自幼接受的是地道的传统的教育，对中国旧学有很深的根底，特别是对旧诗词有自己独到的深刻领悟。那些单纯搞西方理论的人，往往把西方理论奉为圭臬，常在心中先有一套理论模式，然后再选取中国古典诗歌合于他们理论的，纳入这一模式。这是一种先入为主、从理论到实践的削足适履的研究方法。而叶先生是从中国古典诗词的实际出发，表达自己的真切感受与认识。在这过程中需要做理论上的说明，"便有时会发现西方的某些理论观念和批评术语，使用起来颇有方便之处"①，她是把西方理论作为一种工具，来发掘中国旧诗词的价值。

近年来，古典文学不独在中国大陆，在中国台湾、香港地区和海外都面临着后继乏人的危机。谈到这里，叶先生颇有感慨，一个人搞学术，主要的是要自己有内在的追求。当初在台湾，她一家四口住在一间小屋里，两个女儿要搭上下铺睡，她先生也要

---

① 叶嘉莹：《迦陵论诗丛稿·后叙》，中华书局，1984年，第376页。

工作,她就在很小的一张书桌上写出了以遐思远见启发读者的《迦陵论诗丛稿》。我们这一辈青年,缺少的正是像叶先生这样潜心研究学问的毅力和实干精神。

　　一个人迷恋于一种东西,一定从中感受到了乐趣,发现了价值。叶先生正是从中国古典诗歌中感受到了那激发心灵、生生不已的感发生命之本质。而且她作为一个说诗人,一个评词者,又透过自己的感受,把诗歌中这种兴发感动的生命传达出来,使读者也得到心性的陶冶。在叶先生看来,孔子所谓"诗可以兴",王国维所谓词之"境界",都重在诗歌的感发。而学习中国旧诗词,"正在其可以唤起人们一种善于感发的富于联想的活泼开放的"不死的心灵。叶先生最近正在南开大学中文系授课,也像当年的顾羡季先生一样,并不是以传授诗词以外的知识和文字为目的,而是以诗词中的感发的生命本质来感染学生,达到伊塞尔所说的"对于道德的加重"和"自我的创造"。

　　叶先生对中国古典文学的热爱,使她负有一种传承的责任感。她数次回国,几度来南开,讲学、授课,都是为把中国优秀文化发扬光大,使其代有传人而尽自己的一份心力。她以现象学、阐释学、接受美学等西方理论来研究旧诗词,为的就是给它注入新的生命。叶先生辛勤研究,自甘寂寞,不为功利所动,正如她的《鹊踏枝》词所云:"也识高寒,偏爱高寒境","莫道无人能解听,恍闻天籁声相应"。她的研究正在而且必将继续发生深远的影响,其价值也一定会为更多的热爱中国文化的人所认识。

　　　　　　　　　　　　　　　（原载《南开周报》1991 年 12 月 4 日）

关于美国外交政策史一席谈

——访杨生茂教授

（侯艺兵摄）

杨生茂，1917 年生，河北涿鹿人。1944 年毕业于加利福尼亚大学（伯克利）。1946 年于斯坦福大学研究院获硕士学位。1947 年来南开大学历史系执教，是南开大学复原后文学院第一位从国外归来的青年教师。1964 年创建美国史教研室。曾任国务院学位委员会第二届学科评议组成员、全国哲学社会科学"七五"规划领导小组世界史组成员等十余种学术职务，是全国美国史学科最早招收博士生的导师。编著和联合主编的专著有《美国历史学家特纳及其学派》《美国史新编》《战后美国史（1945—2000）》《美洲华侨华人史》等十余种。后两书曾先后获得中国图书评论学会第四届（1990 年）和第五届（1991 年）中国图书奖二等奖。

祝晓风：您主编的《美国外交政策史（1775—1989）》最近将由人民出版社出版，在该书中，您对美国外交政策的连续性持什么观点？

杨生茂：扩张主义是贯穿美国对外政策的主线。美国外交政策的发展历程大致可分为三个时期，即大陆扩张时期（1775—1897）、海外扩张时期（1898—1945）和全球称霸时期（1946— ）。从三大分期的角度看，美国外交政策史上有三个具有时代意义的政策口号：一是孤立主义，二是"门户开放"，三是遏制政策。三者都是为扩张主义服务的。孤立主义基本上是大陆扩张时期的指导思想，"门户开放"是适应海外扩张的需要而提出来的，遏制政策是为了全球称霸战略而制定的。

祝晓风：美国一贯推行的扩张主义政策，被人认为是与"天定命运"说有关。对此，请您谈谈看法。

杨生茂：美国扩张主义的理论核心是使命观。使命观发源于清教徒的宿命论。到十九世纪四十年代，这种宿命论发展为大陆扩张理论——"天定命运"；到十九世纪末开始的海外扩张高潮中，又掺进社会达尔文主义，成为"新天定命运"说；第二次世界大战之后，结合全球称霸，又以"承担义务论"的面目出现。这些"理论"虽在解释上因地、因时、因事，甚至因人而异，但万变不离其宗，都是服务于扩张主义的。

使命观的致命弱点是自命不凡、唯我独尊。美国一向认为，它的外交政策无论是说的还是做的，都是"符合"其他国家利益的。根据这种假设，美国又认为，它在外交事务中享有一种特殊的权利。这种民族优越感和自满意识一旦推行到极端，便表现为颐指气使，设法去驾驭别人，物极必反。这种强权政治，实际上却把自己置于失道寡助和力不从心的困境，终将把民族命运推向危险地步。历史上有不少强大的帝国都是被淹没在黩武主义之中的。

祝晓风： 您认为美国外交史学家在外交政策史研究中的弱点是什么？

杨生茂： 外交是内政的延续。美国的外交政策总是反映其决策人所持的国家利益观。利己是资产阶级世界观的基本核心。对外扩张侵占是美国实现其国内资本主义改进的极为重要的条件之一。例如，二十世纪初，美国的国内改革政策，和当时对外的大棒政策是有关联的，不应简单地割裂开来，但美国外交史学家大都不从这个角度思考问题。

由于传统教育，美国外交史学研究大都从美国本国的狭隘的利益出发，很少去研究外国的具体复杂的社会实况。他们也很少研究霸权主义的性质，而只是注意这种政策的目标、方式及与本国利益的关系。二战后，为了适应推行全球主义的需要，有的美国外交史学家也不时发出增强了解外国的呼声，但积重难返，一时不易见到很显著的成效。

祝晓风： 研究美国外交政策的目的，我想不外乎是"知彼"和温故知新。依杨先生看，应如何理解和撰写一个国家的对外政策史呢？

杨生茂：由于外交是内政的延续，外交政策的取向由两个部分组成，一是国内的，二是国外的。在国内外诸因素中，国内因素是基本的、主导的、决定性的。国外因素只是外部条件，同国内因素相比虽然也是必不可少的，但在形成政策中所起的作用是次要的。外交决策人必须根据本国经济、政治等方面的利益，去创造、改变或适应外部条件，以实现其本国利益欲达的目的。只要"国家"这种政治现象存在，国家利益就是外交政策的重要出发点。不言而喻，若以性质去审视，反对侵略和压迫的政策是正义的，反之则是非正义的。

影响对外政策的易变因素很多，诸如意识形态、战略战术、舆论媒介、决策人个性等等，其中起决定作用的是经济因素，但这不等于说，其他因素有时不能起决定作用。从宏观的终极意义上说，经济因素是外交政策中经常起决定作用的因素，是外交政策的基础。但这也不等于说，每个具体事件都可与经济因素直接挂钩。政治是实现经济目标的保证，而策略口号首先是服务于政治的。

祝晓风：您今后对美国外交政策的研究有何计划？

杨生茂：今后我的研究重点转向美国史学史，这也是从增进大学里学科专业研究的需要出发的。

（原载《南开周报》1992 年 4 月 10 日）

批评史研究的新格局

——访罗宗强教授

罗宗强，广东揭阳人，1931 年生。南开大学中文系教授、系主任，中国文学批评史专业博士生导师。主要著作有《玄学与魏晋士人心态》、《隋唐五代文学思想史》《唐诗小史》《李杜论略》和《古代文论研究概述》(主编)、《隋唐五代文学史》(与郝世峰、项楚、李剑国合作) 等。

　　祝晓风：罗先生，批评史专业目前在全国有四个博士点、六位博士生导师，请您谈谈各家的情况。

　　罗宗强：复旦大学的那个点创立最早。最先是郭绍虞先生，他的三卷本《中国文学批评史》是这方面较早的著作。二十世纪五十年代有刘大杰先生。现在的两位博士生导师是王运熙、顾易生两位先生。他们的方法基本属于传统的，而华东师范大学王元化先生的那个点则侧重理论研究。四川大学还有杨明照先生的一个博士点。再有就是我们这里，王达津先生和我了。四个点的导师年龄都偏大，如何尽快带起年轻人是大家共同面临的问题。我们这里稍好一点儿，但是也有一个承接的问题。

　　祝晓风：南开的文学思想史的研究对于批评史这门学科的发展有什么意义呢？

　　罗宗强：这是我们的特色，这方面我们是全国第一家。我们的路子目前已得到学术界的承认。许结的《汉代文学思想史》、四川师范大学詹杭伦的《金代文学思想史》基本都是沿着这条路搞的。

　　我们自己的计划拟写七卷。除了我的《隋唐五代文学思想史》《魏晋南北朝文学思想史》，李瑞山的《近代文学思想史》，还有张毅的博士论文《宋代文学思想史》，将由中华书局出版。剩下的还有周秦两汉、金元和明清部分。原想一九九三年完成，看来很困难。

　　祝晓风：在《宋代文学思想史》的序言中，您谈到文学思想史应该和文学批评史、文学理论史有所区分。

罗宗强：如果一部文学思想史写出来让人感到它是一部文学史，那便是它的失败。文学思想史要描述的，是文学思想的发展脉络，也就不同于文学史对文学的史的描述，它只注意文学现象中那些反映出新的文学思想倾向的部分。文学理论批评史只研究文学理论与批评，文学思想史则不仅要研究文学理论批评中所反映的文学思想，而且要研究文学创作实际中所反映的文学思想倾向，它的研究对象与文学理论批评史是有区别的，应视为一个独立的研究领域。

祝晓风：您今年出版的《玄学与魏晋士人心态》在学术界反响很大。看了您的这部著作，我个人以为它是在更高的层次上历史地考察了魏晋几百年间知识分子的悲剧命运。

罗宗强：这本书在港台地区反应也还可以，我听到一些，也有人给我寄书评。不过他们大多从历史角度评价，而不是从文学角度。

祝晓风：傅璇琮先生在这本书的序中，称这部著作拓宽了古代文学思想史的研究格局，深化了研究思路，您对此有什么想法？

罗宗强：从士人心态的变化考察魏晋文学的新思想潮流，是我五年前动手写《魏晋南北朝文学思想史》时就有的想法。文学对社会生活的反映，不是一个简单的过程，作家这个中介是离不了的。而作家的心态、人生价值观、审美观念等等，都有不可忽视的作用。在大变动的历史段落，魏晋是一个，晚明，还有五四时期，文学思想的变动在文学上的表现十分强烈，也最值得研究。研究这些时期的士人心态，就有可能打通文史，打通文学思想史和文学史。现代学科的发展，分化越细密，综合性越强，研究一个问题越要做多方面的考察。

祝晓风：今年六月份，您在新加坡的国际汉学会议上，做了《中国四十年来古代文学理论研究的回顾》的报告。您认为可以在古文论领域，用历史还原的办法来寻求一种古今的衔接点，这种衔接点是不是也是一种时代的衔接点、文史的衔接点？

罗宗强：历史还原当然不是古代文学理论研究的全部，但如果对古文论的历史原貌有细密的谨严的研究，那么探讨规律、论证是非，也就有了可靠的依据。而且，如果以现代思维的严密性做好了这一工作，古文论的理论体系，它的特点，大概也就可能显现，今与古的关系问题，或者也就可能解决了。不过要做到这一点，从事这方面研究的同志必须具备两个基本的条件，一是较高的理论素养，二是深厚的国学基础，这样才能既掌握材料基础，又能从理论高度做出阐释与评估。

（原载《南开周报》1992 年 2 月 21 日）

科学社会学与无形学院

——访刘珺珺教授

刘珺珺，女，1933 年生，南开大学社会学系教授。1979
年开始招收自然辩证法方向的硕士研究生，1986 年招收科学
社会学方向的研究生，1990 年获博士生导师资格。现任南开
大学社会学系主任。著有《科学社会学》，发表《研究科学技
术史的现实意义》《库恩的科学史观》《关于"无形学院"》《从
知识社会学到科学社会学》《科学社会学的研究传统与现状》
等论文，还有《科学的生命》、《元科学导论》（合译，以下三
种同）、《无形学院》、《科学技术史》、《生物学思想的发展》
等译著。

祝晓风：国内以科学社会学为标题的书已出版了若干本，对
这个学科的解释很多，应该怎样认识这个学科呢？

刘珺珺：首先，科学社会学不是指社会学发展的一种状态和
水平，不是强调社会学研究有"科学的"和"非科学的"之分，
而是指在社会学这个大领域中的一个领域、一个部门。从这一点
讲，它和城市或农村社会学、家庭或人口社会学等社会学的许多
分支是一样的，是用社会学理论和方法研究科学这种社会现象的
结果。二十世纪中期以来，在世界范围内，以科学本身为研究对
象的学科形成了一个科学群，如科学史、科学哲学、科学心理学、
科学美学等等，科学社会学就是其中之一。在国外把这些学科统
称"对科学的研究"。在我国，广义的自然辩证法研究也包括这
些内容，前些年出版的许多"科学学"的书也是这些领域内容的
汇合。

祝晓风：但是从有的书来看，并没有体现社会学的研究角度
与方法，这又做何解释？

刘珺珺：国内已出版的以科学技术为标题的书，有的是从社
会学角度的研究。其中一些也许可以归入科学、技术与社会关系
的探讨。国外把这类研究称为"对科学的社会研究"，我称之为"广

义的科学社会学"。这种研究对于科学、技术与社会的关系只做宏观的宽泛的研究，这种传统是英国科学家贝尔纳《科学的社会功能》所开创的。

祝晓风：那么另一种传统呢？

刘珺珺：这就是社会学家默顿的《十七世纪英国的科学、技术与社会》（1938年）所开创的传统，它把科学看作是一种社会建制，作为社会中的人所从事的一项活动来研究，研究科学家行为规范、科学家的人际互动等等。这种研究体现了社会学家的研究视野，其方法也是社会学的经验研究和数量分析。

祝晓风：曾见有关理论文章说，科学社会学是"科学学与社会学的交叉学科"，您怎么看这种说法呢？

刘珺珺：这种说法并不符合我所了解的历史事实。从产生来说，科学社会学可以说是科学史和社会学的交叉产物。默顿当年是在哈佛社会学系攻读博士学位的研究生，他在萨顿的科学史研究室工作学习了好几年。刚才提到的他那篇一九三八年发表的博士论文就是那个时期的研究成果，而且是发表在科学史刊物上。它现在被认为是和贝尔纳的《科学的社会功能》同样的科学社会学的奠基之作。二十世纪六十年代，默顿及其学派对"科学发现的优先权"等课题进行了研究。以后科学史家普赖斯的《小科学，大科学》，库恩的《科学革命的结构》等一批重要成果，继续把这个领域的研究推向深入。

祝晓风：科学建制化是科学社会学的重要内容。那么，刘先生，"无形学院"在研究中处于什么地位呢？

刘珺珺："无形学院"是科学社会学经验研究的成果之一，也是这个学科概念创新的范例之一。"无形学院"是科学社会学研究科学家共同体的深入与发展。科学家共同体是科学家在科学交流中形成的群体，它不以地域来划分，而以学科或分支学科来形成。科学家之间除了有形的正式的联系，还存在着无形的非正式的关系。比如化学家或物理学家同在某个系或某个所，但又属于全国以至全世界的化学家或物理学家共同体。普赖斯发现在大的共同体中，有少数多产的科学家又形成一个更无形的小团体，交往也更频繁，更密切，这就是"无形学院"。它对于知识在共同体内的传播起着十分重要的作用。这是普赖斯通过数量分析方法所取得的研究经验成果。克兰的《无形学院》一书是在库恩和普赖斯的概念基础上开展的研究，在研究科学知识的增长和生产这些知识的具体社会组织的关系方面，取得了重要的经验成果。

祝晓风：刘先生，您一直强调科学社会学的"经验研究"，这对于这门学科的建设有什么意义呢？我们所做的哪些工作使我校在这个领域全国领先呢？

刘珺珺：我们已经做的工作就是和国内有的同行学者一起，比较准确严格地把国外已经出现的成果介绍给国内。目的就是把学科的本来面目、特有的方法呈现出来，使大家知道：任何一个学科都不是一个人、一时完成的，也不是几个人、十几个人编纂某个体系所能建立的，而是由若干人的重要研究成果积累而成的，有它自己的历史发展过程。就科学社会学来讲，我们所做的工作对于国内学者正确了解这个学科起了重要的作用，在学科的理论建树上有所贡献。我们的任务是继续开展理论研究，了解世界范围内的研究动向，并且进行经验研究，研究我国科学事业及科学技术人员的实际，以期更好地为社会主义建设事业服务。

（原载《南开周报》1992 年 4 月 13 日）

美国文学漫谈

——访常耀信教授

常耀信，1940 年生，1965 年毕业于南开大学外文系，随后赴英国伦敦伊林学院和剑桥大学进修一年。1981—1984 年在美国费城坦普尔大学英文系学习，获得博士学位。现任南开大学外文系教授、系主任，美国文学专业博士生导师；全国美国文学研究学会副会长，全国高校外国文学教学研究学会常任理事；美国《文化》杂志特邀国外编辑。主要著作有《希腊罗马神话》、《漫话英美文学》、《美国文学简史》、《美国文学选读（上、下册）》（主编）、《中国文化在美国文学中的影响》（博士论文）等。在国内外学术刊物发表论文数篇。1989 年被列入英国剑桥国际传记中心所编纂的《大洋洲及远东名人录》。

祝晓风：有这样一种说法，就是"二十世纪是美国文学的世纪"，您对此有什么看法？

常耀信：这未免夸张了。说"西方的二十世纪文学是美国文学的世纪"，也许能勉强接受。就英语文学世界讲，英国在一战以后，经济、国力都从第一强国的高峰掉下来，其地位由美国取代。但三十年代乔伊斯、沃尔夫、劳伦斯等大手笔以后，英国作家的视野变小了，变"岛屿化"了，甚至作品的结构也变得小了，很少有鸿篇巨制出现。再后来就极少出现像美国的海明威、福克纳这样的大家。美国在一战、二战后，国势逐渐升至世界第一强国，美国作家的视野随着美国地位的提高而变得十分开阔，美国文学在西方，甚至在世界范围内的重要性也加强了。

祝晓风：对美国文学的研究好像历史还不是很长？

常耀信：我们国内是二十世纪七十年代末八十年代初才成立美国文学研究会的，以前我们也讲美国作家及其作品，但是把它作为美国文学的一部分。这种状况在世界范围内也延续了很长时间。就美国国内而言，他们也是二十世纪初期才开始真正认识到本民族的文学的伟大的。当时，一批评论家站出来高喊，"美国文学伟大"，一直喊，喊到三四十年代，坚持不懈地用美国文化与历史的标准评价自己的文学。写出多种具有深度的研究著作，促进了世人"发现美国文学"的过程。于是人们开始承认，美国文学的确伟大。他们是用美国文学的传统在看美国文学，就发现了它的伟大。我想，对中国文学也是如此，我们应该以我们中国的本民族的眼光来看待中国文学，同时也努力促使他人来这样看。现在在西方，我觉得存在一种轻视中国文学的偏见。我国的文学批评界和外国文学工作者的任务之一是改变这种状况。

祝晓风：读美国文学史，特别是二十世纪的文学史，会看到流派纷呈，大家辈出，让人感到一种内在的勃勃生机。那么，究竟是什么使美国文学传统具有了这种生命力？是不是和美国的民族精神有关？

常耀信：是的。当初新教徒移民踏上美洲大陆，面对的是一片广袤陌生的土地，在建设理想世界的过程中，他们体现出冒险精神、开拓精神和追求理想境界的精神。这种精神也体现在文学创作上。美国作家好标新立异。一代作家培养、熏陶下一代作家，但后一代作家一旦成熟起来，必定要——至少是部分的——突破、超越上一代的传统，而走新路、自己的路。

祝晓风：比如说——

常耀信：比如说马克·吐温这一代在思想与风格上不同于霍桑和麦尔维尔等上一代作家，而德莱塞这一代又不同于马克·吐温和豪威尔斯，下一代福克纳、海明威、菲茨杰拉德又有自己的独特之处。每一代之间的界线相当清晰，各自都有时代的特征和属于个人的风格。

祝晓风：美国对世界不同文学的广泛吸收，应该也是使美国文学充满活力的一个因素吧？

常耀信：当然。从总体上讲，外来文化的刺激和营养对任何一个民族都是有益的。从接受外来文化这一点讲，美国的确是一个了不起的民族。

祝晓风：在《庞德的〈诗章〉和孔子》和《梭罗和孔子》(两文均为英文发表)中，您着重研究孔子对这两个著名作家的影响，读后给人很大启发。

常耀信：孔子思想中包含有许多中国传统文化中的精神。孔子主张修身—治国—平天下，关键是正心修身。他的这种思想对面对西方文明的堕落而对基督产生怀疑的庞德来讲，发生影响是不足为怪的。孔子讲"礼"，讲秩序，注重修身，这在庞德的诗中都有反映。当然庞德这个人的思想很庞杂。不过，东方思想的深刻烙印还是看得出来。梭罗和爱默生一起曾在他们编的《日晷》杂志上刊出五期"伦理经典"专栏，其中两期专门刊载孔子哲学。孔孟的六十余条语录，都是他们二人亲手所选。在梭罗的《沃尔登》中，孔子思想得到相当的发挥，孔子思想的如注重修身、自我完善，对超验主义者梭罗的影响确是很大的。

祝晓风：这似乎已是比较文学的范畴了。

常耀信：是的。比较文学是南开外文系和我本人的一个研究重点和方向。我们有一个设想，把南开外文系发展成为我国一个美国文学研究中心，我们不是没有条件。比如我们的图书积累已达万册，据美国新闻总署东亚和太平洋司总负责人西奇考克参观后讲，这是中国和东亚地区美国文学藏书最多的、给人印象最深的一个阅览室。我们只要肯努力，是有希望的。我们要一些基础建设：比如资料中心，全国美国文学研究方面的图书论文索引，编著一套美国文学教学系列教材，包括《美国文学简史》、《美国文学选读》(上、下册)、《美国文学评论选》(上、下册)供全国美国文学教学使用(这一工程已全部完成)。写出全国第一部中文版美国文学史；对一些专题项目，比如中国文化（儒、道、禅宗等）对美国文学的影响，中国现代作家与美国文学等，也要组织力量做一些深入研究，写出专论和专著，这是我系英美研究室在"八五"及今后十年内的重点研究课题。

祝晓风：这的确是很有意义、很吸引人的工作。中国现代作家与美国作家，我想也很有搞头儿。

常耀信：有些工作已经开始进行。关于奥尼尔同中国戏剧、惠特曼与中国现代诗、印象派与中国当代诗（如朦胧诗）的关系等，已有初步研究成果。我们的一百二十万字的《美国文学史》（上、下卷）上卷已脱稿，此书是国家教委"七五"社科重点项目。还有一部《美国文学评论选》（上、下册）今年下半年出版，力图反映这方面的最新成果。

我想有个老生常谈的问题，就是搞外国文学，一定要读原著。再好的译本也代替不了原文著作。更不要说只看一些人家的评论就写文章了。只有读原著，才能有真切新鲜的"第一"感受，才能不人云亦云。目前已面世的一些译作，特别是文学批评方面的译作，有不少基本性错误，外国文学工作者如以此为据写文章，难免"失之毫厘，谬以千里"，误人误己，不可为之。

（原载《南开周报》1992 年 7 月）

政治学研究者的责任

——访青年学者朱光磊

朱光磊，1959 年生，天津市人。1987 年，担任校研究生会主席的朱光磊志愿留校任教，1990 年破格晋升为副教授。他主讲的"政治学原理"在教学评优中被评为校级优秀课程。主要学术成果有《以权力制约权力》《英汉政治学词汇》等，目前正致力于中国政府、政治体制理论的研究工作。

祝晓风：朱老师，据我所知，中国是被外人称为"政治纠纷很强的国家"，而对政治的真正的科学研究却没有得到全社会应有的了解和重视。您对此有什么看法？

朱光磊：我们日常所说的"政治"，是一个泛化了的概念，在某些地方甚至可以说是被滥用了。比如，人们常常习惯于把道德教育、纪律作风等东西笼而统之地"包"到政治中来。我不能说这种"包"是不对的，但我可以肯定地说，这不是专业意义上的政治。所谓政治，就是各种社会集团之间围绕着政权、围绕着统治与被统治所形成的各种社会关系，以及对这些元素的处理。作为一个以国家为主要对象的社会科学基础学科，现代政治学的研究范围包括：政治人，各种政治存在形式如政府、政党，政治制度及其过程，民族关系和国际关系，政治环境，政治理论与政治文化等。在我国，政治学是一门重建的年轻学科。

祝晓风：社会科学都和政治有着微妙的关系，而政治学在这一点上可以说最具有特殊性了。

朱光磊：政治学研究和政治绝难分开，也根本分不开，从另一个角度讲也不应该分开。但是它作为学术研究，毕竟不同于一般的政策解释。所谓"研究无禁区，宣传有纪律"。……当然政治学也有一些属于基本的、稳定的、规律性的东西，与现实不一定有直接关联。

祝晓风：二者的密切关系是不是还体现在为政府决策等方面提供咨询？

朱光磊：当然。政府决策需要有必要的理论支持和业务协助，问题在于怎样做好这项工作。如果仅仅是给领导已经拿定了的"主意"做做"论证"，那么决策咨询的作用就被大大地限制了。领导机关应当尊重理论工作者的研究建议，理论工作者也应当尊重领导机关选择何种方案作为其主要决策依据的权利。双方考虑问题的角度不同，但不论采用与否都有参考价值。

祝晓风：这涉及一个敏感的问题——决策的民主化。

朱光磊：有些问题也不要说得很多，真正做到了，就是进步。十一届三中全会以来，我国的民主进程还是显著地加快了。从实行差额选举到废除领导职务的终身制，从"十三大"到刚刚开过的七届人大五次会议，都是新的表现。

祝晓风：还有我国的"两级立法体制"，您说过也是很好的制度，可是有些地方远远还没有认识到它的意义，没有充分发挥它在地方经济、政治建设和改革中的作用。

朱光磊：这需要一个过程，也需要我们多做一些宣传工作。

祝晓风：一九八七年您出版的《以权力制约权力》在青年中反响很大，曾引发了热烈的讨论。但一些关心您的朋友对我说，从您对副职、腐败问题的研究看，您的研究工作似乎出现了朝"实证"化方向的转变。

朱光磊：作为一个年轻人，我的学术研究只能算是刚刚上路。我的政治学是自学的，我在南开求学七年受的是系统的哲学教育。对于传统政治学，我比较容易接受。但现代政治学很大程度上是面向经济、政治实际问题的，这就要求我们把政治问题的定性的和定量的研究方法恰当地结合起来，要求我们年轻一代"超越"自己，否则中国政治学就不能与国际学术界、与国内现实的政治生活"对接"，搞政治学的人也就没有出路。为此，最近两年我一直在咬住"当代中国政府过程"这个课题，但愿过一段时间能见一些效果。

祝晓风：您为什么要研究"副职"这样一个"小"问题呢？

朱光磊：副职多是中国的一大特色。副职按其正常功能来说，应是助理型的。不过，中国的副职是分管型的，它成为一个中间层次，但又没有完整的权力，遇事只好去与另外的副职协调，最后还是要正职拍板。这就不仅增加了领导干部的职数，而且影响了效率。

祝晓风：现在大家都关注腐败问题，我以为，需要分析"导致腐败现象在我国现阶段成为必须解决的问题的那些具体的原因、因素或条件"，是很有见地的。

朱光磊：原因当然很复杂。不能简单地把腐败问题归咎于某一两个所谓的关键原因，尤其要避免仅在思想领域内打圈圈。如果分析仅停留于此，将会使我们对官员腐败现象的剖析陷入单纯的情绪批判和道义谴责，从而显得苍白无力。

祝晓风：就是说要在政府职能上、运转机制上采取措施。

朱光磊：是的，解决腐败问题，包括前面提到的副职问题，都要求尽快转变政府职能，适度缩小政府的权力。道理其实很简单：如果你手里的权力少了，机构规模小了，你干预经济的机会也就少了，向你行贿的人自然也就少了，你花纳税人的钱也就少了。海南的"大社会，小政府"也是这个意思。

（原载《南开周报》1992 年 5 月 1 日）

古史研究的现代意义

——访朱凤瀚教授

朱凤瀚，1947年生，历史学博士。南开大学历史系教授，主要研究方向为中国古代史先秦史，兼治甲骨文、金文等古文字学与青铜器。著有《商周家族形态研究》（专著，1992年获全国古籍优秀图书奖一等奖）及研究先秦史、古文字的学术论文多篇。现任中国先秦史学会常务理事兼副秘书长，中国博物馆学会理事，天津文物博物馆学会副理事长。

祝晓风：搞人文科学或社会科学，价值问题一直是回避不了的。您认为中国上古史研究，其价值的具体内涵是什么呢？

朱凤瀚：中国上古史的下限在战国，研究上古史对探讨华夏文明的起源有重要意义。在这一历史阶段，华夏文明的一些基本要素开始形成并稳定下来，同时华夏民族也基本形成。研究上古史，对认识中国官僚、郡县制度的形成也是很重要的。"封建"的原始意义是一个政治范畴，所谓封邦建国。当进入我们通常所说的"封建社会"的历史时期之后，原本意义的"封建"已经衰落了。但是，秦以后的政治模式在这个历史时期的最后阶段（即春秋、战国时期）的大变动之中已经奠定。从汉代直到清代，中国的社会政治结构的变化基本上可以说是一个量变而非质变的过程。

祝晓风：思想文化方面能谈一谈吗？

朱凤瀚：中国先秦时期，思想文化也达到了相当成熟的程度。在商以后，两周时期即表现出很强的人本思想。我想，也许中国人的严格意义上的宗教意识一直不发达，与此是有关系的。

祝晓风：关于商周家族研究，二十世纪三四十年代孙曜、胡厚宣、丁山等都有论著，六十年代张光直《商王庙号新考》一书出版后，商周家族研究再度成为学术热点。您的《商周家族形态研究》，出发点是什么呢？

朱凤瀚：战国以前的家族是当时社会活动的基本单位，个人的意志往往湮没于家族群体之中。商周社会形态以及国家结构形式、政体、政权结构、军事组织、经济制度等诸多问题皆可从当时的家族形态及其制度这一角度进行分析。

祝晓风：二十世纪七十年代中期，您在内蒙古哲盟（编者注：内蒙古原行政区划名"哲里木盟"的简称，位于内蒙古自治区东部）发现的新石器时代遗址，现在被认为是东北亚地区新石器时代重要遗址。您目前的研究也很注意文物考古方面的证据，这应该说是您的研究的一个特色吧？

朱凤瀚：先秦史的文献史料比较缺乏，文物资料就显得十分重要。能释读甲骨文、金文以及战国文字等上古文字，是研究的必要途径。有了它如同多长一条腿，就有了更大的自由。王国维曾主张"二重证据法"，我认为我们应该站在现代立场在这方面更进一步。

祝晓风：马克斯·韦伯在《新教伦理与资本主义精神》中谈到，他研究中国历史也是从原始的第一手材料，包括族谱、墓碑等入手的。

朱凤瀚：总之，要从事实和材料出发。在很长一段时间内，一些研究却是从理论教条出发，去剪裁事实。历史唯物论揭示了人类历史发展的基本规律，但并不排除特殊文明历史发展的特殊性。而且，历史上的许许多多生动的、独特的社会形态特征，也需要我们做深入、细致的研究分析。就中国古代史而言，中国既然是世界上几个古代文明独立起源的地区之一，有着特定的历史背景与地理环境，那么就不应简单地套用西方的模式。在与世界其他古代文明比较的过程中，正确地阐释中国古代文明与阶级社会形成的过程，说明中国先秦社会的形态特征与不同历史阶段的演化情况，正可以丰富对人类社会历史发展规律的认识。如果说古史研究的现代意义，我想这正是一个。

祝晓风：方法论上是不是也应该算呢？比如把中国传统的音

韵、训诂与现代的考古学相结合，还有您的研究中运用的文化人类学、计量史学等。

朱凤瀚：我一直试图在历史研究中体现时代风格。当然我做的并不理想。除围绕家族形态、家族制度做研究外，我对宗教方面的问题，以及重要礼制的研究都怀有浓厚的兴趣，我运用了一些民族学、人类学的理论，但还只是个尝试。

（原载《南开周报》1993 年 4 月 10 日）

中国宗族制度的历史与现实

——访青年学者常建华

常建华，1957 年生，河北省张家口市人。1978 年入南开大学历史系学习，1982 年获学士学位，1985 年获硕士学位，并留校任教，1990 年晋升副教授。现为历史系中国古代史教研室主任，中国社会史学会理事及副秘书长，中国谱牒学研究会理事。发表《元代族谱研究》《明清时期祠庙祭祖问题辨析》等论文。

祝晓风： 您在百卷巨著《中华文化通志》的招标中中标，承担其中《宗族志》的写作任务。那么，在您看来，宗族在中国历史上究竟意味着什么？

常建华： 所谓宗族，最基本的含义是指源自一个共同的祖先，按照父子血缘积累而成的同姓成员，父子谱系结构是其特征。宗族的发展形成了一定的体系，有一套要求族人共同遵守、按照一定程序办事的规程，这就是宗族制度。

它一直是中国传统社会的基本社会组织，与政治、经济、文化有密切关系，是中国历史的重大问题。宗族制度在历史上曾有三个典型期，即先秦时期周代分封制下的宗族制、魏晋南北朝时期的士族宗族制、宋元明清时期以祠堂族长、族谱、族田为基本内容的宗族制，而秦汉、隋唐则是两个过渡时期。宗族制度与中国社会的变迁息息相关，如要了解中国的历史，离不开对宗族制度的认识。

祝晓风： 族权作为封建"四权"之一，被认为是封建政权的统治工具。在您看来，族权和政权的关系究竟是怎样的？

常建华： 严格说来，宗族与政权是两大系统，前者是社会系统，后者是政治系统。在中国古代，分封制下政权与族权合一，士族制下政权以宗族为基础，宋以后二者基本是分离的。宗族聚族而居，既是血缘群体又是地缘组织，同自然经济相适应，表现出强烈的地方性与封闭性。这一特点决定了它同国家的关系也具有双重性。政权与族权的同一性更多地表现在正统的理论文化方面，而其矛盾之处则在于对基层社会的控制和经济利益上。所以，这二者的关系是有分有合，时分时合，处在变化中，不能简单地只强调其结合的一面。

祝晓风：中国古代传统政治是一种伦理政治。我想，所谓"修身、齐家、治国、平天下"，是不是这种政治观念的一种表现？

常建华：中国传统政治从汉代以来，其核心表现为以孝治天下。注重人际关系的等级性，强调孝道，要人们移孝作忠，成为国家的顺民；注重家族的稳定性，维护家长制，把家族的稳定看作是国家稳定的前提。宗族作为依父亲血缘关系形成的群体，它以祖先崇拜为核心，宗族的凝聚的原理归结为一句话，就是"尊祖故敬宗，敬宗故收族"。政权推行孝治，离不开以宗族为其社会基础，宗族维护其统治有的也需要政权的支持。

祝晓风：近年来，祭祖坟、建祠堂、选族长、修家谱活动频繁。对这个问题，您怎么看呢？

常建华：宗族活动频繁已成为当代中国的一个重要问题。新闻报道常把这种情况称为封建活动，这种看法有合理性，但并不准确。因为宗族作为一种社会结构的组成部分，是跨越社会形态的。当代中国的宗族活动有械斗、干涉族人生活、破坏基层社会正常统治的负面作用；但是另一方面，也有利于农民生产、生活互助，维护农村正常社会秩序，便于华侨寻根问祖等正面作用。（二十世纪）八十年代以来，农村普遍实行生产责任制，土地分到家庭，家庭的经济功能增强，其生产方式需要互相帮助，而家族关系则有助于此。同时国家拨乱反正，阶级斗争的提法在农村取消，政策松动了。加上基层政权变化，原来党政工作的政治职能弱化。当然根本的原因是中国农村未进入现代社会，传统的生产力和社会结构以及大众文化需要宗族，也就是说，宗族与农村现实社会是适应的。当代宗族成为社会问题，从历史的连续性上看，本质上反映了一个古老的历史命题——中国基层社会的控制问题；从宗族与中国未来的发展来看，则是一个宗族社会文化与现代化的关系问题，即能否适应现代社会。传统的观念认为是格格不入，但目前亚洲儒家文化圈一些国家和地区经济腾飞的事实使人们不得不对此看法有所质疑。我认为中国宗族的历史变迁说明，它具有理性和适应性，它可以经过社会整合而与现代社会适应。

（原载《南开周报》1993 年 4 月 30 日）

后 记

　　和出版社的合同早都签订了，可是自己的任务却拖到今日，方才告一段落。感谢出版社方面的宽宏大量，给我宽限，让我在这几周，又加班熬夜，赶出几篇，让我心里稍有宽解。现在稍稍松口气，对全书的编排略做说明。

　　全书分以下几部分。第一部分，姑且也可以叫随笔，大多不是以记者身份写的。这部分又分两块儿：第一块儿，是较长的文章，写得比较充分；第二块儿，是几篇短文，是一九九七年底，我回南开集中采访几位老学者，登在报纸上的文章。这一组里原来有《张清常》一文，今年我又加了一点儿内容，重写，放在第一块儿了。唯一的一篇写同辈人的，也放在这一组，因为他也已经成了古人。第二部分，则是四篇记述老师的文章。第三部分，对话，篇幅较长，有一定展开的内容。第四部分，学者访谈录，这是当年在《南开周报》工作的学长和我一起策划的，模仿《光明日报》的"学者答问录"。当年，这一组在"南开的《人民日报》"上的采访，在南开园里还有一定反响；年代较久远，不过也许还有点儿史料价值。其中，杨生茂先生已经不在了。

特别说明的一点，第三、第四部分文章中对各位受访学者的介绍文字，仍保留当年发表时的文本。有几篇，都是采访叶嘉莹先生的，因为这是不同时期的文章，有不同的内容，故都收入。采访朱凤瀚先生的也是如此。

二〇一六年是南开文学院损失惨重的一年，四位老师——薛宝琨、刘叔新、张圣康、焦尚志相继去世。这几位中，只有焦先生没有给我上过课，其他三位先生都曾教过我，张老师还是我的业师，当过我七年的老师。去年以来，又有几位师友过世，一位是倪庆饩老师，九十岁；一位姓孙，是我研究生时同宿舍的同学，才五十三岁；今年三月五日，田本相先生去世。这样，书中记述的，就有十数位帅友已经作古。我编辑这些旧文残篇，重新读这些文字，想起前尘旧事，不免感到茫然。

这些文章，最早的写于二十七年前，最晚的写于今日，集于一书，不免又让人摇头唏嘘。二十七年，二十九篇，这样看来，似乎又不能算多。而且多是短篇和即时的采访，内容既不是很充分，文采更是谈不上。只是这几年，自己年纪渐长，容易怀旧，写了几篇稍长一点儿的文字，可以略多地记述一些旧事，抒发一些感慨。

最后，感谢发表我这些文字的各报刊的编辑大人朋友们，其中也有我的前同事。感谢南开大学出版社，能在母校南开大学出版社出一本书，是我的无上荣耀。感谢田睿、叶淑芬两位编辑，还有我没有见过面的出版社美编，感谢你们付出的辛苦劳动，你们的认真负责和专业细致，让我感动。

祝晓风

二〇一八年十二月三日

二〇一九年七月三十日改定